本書承蒙中央研究院陳仲玉教授審訂

編寫緣起 — 代序

　　《柬埔寨簡史》一書的輯編，主要目的在於提供學生一份瞭解柬埔寨歷史變遷的基本素材。自構思伊始，本書就不是以學術著作自期；此外，受邀編輯的筆者一則未曾接受史學訓練，復對研究主題專業知識相對有限，多賴研究生群進行文獻彙集與相關著作整理，始完成本書之編寫。

　　本書做爲對東南亞及柬埔寨問題研究學生課堂上的背景資料，不論內容與格式均與學術性著作相去甚遠，且舛錯疏漏之處恐難避免，爲免引發讀者疑慮，謹先在此鄭重說明，敬祈讀者諒解。筆者雖列名著者，然對本書之貢獻僅止於統籌編校工作，實忝居作者之名，故筆者不將本書列入個人著作之列，謹申明如上。

目　錄

第一章　國家出現以前的柬埔寨

時序溯至公元前三、四千年，現今湄公河流域和洞里薩湖地區早已有人類活動作息。考古學者在現今柬埔寨境的莫盧雷、三隆盛、隆波勞以及在馬德省、上丁省、磅湛省、貢不省等地都發現了新石器時代的遺址，其中有公元前 4000 年至公元前 500 年的遺物，包括打磨拋光的石器，如石斧、石刀、石鐮等，還有帶孔貝珠、骨箭、梭子以及各種陶器，尤其是莫盧波雷發現有一定規模的冶銅工場和少量的鐵器。由此可見，彼時此一地區的人類已進入金石並用的時代，過著比較文明的生活，狩獵、農耕和畜養是他們的主要生產活動。後世在莫盧雷遺址出土的陵墓中還發現屈腿跪姿的女性遺骸，以及珍珠串成的手鐲和項鍊等陪葬品，顯示這一時期可能已出現財產私有制度和貧富階級的現象。

就地理分布而言，現今柬埔寨桔井到越南西寧（此地在 17 世紀以前屬於柬埔寨領地）一帶的高原山地，是「扶南」（詳見第二章內容）國家型態出現之前柬埔寨文化的主要分布區。在此地區考古發現一系列人類住居的土圍，圍內有石砌圍牆，圍牆內有小土丘，可能是先民從事山神崇拜的象徵，這或許就是後來扶南「聖山崇拜」的起源。此一時期本區域的先民正處於新石器時代「刀耕火種」的農業階段，他們與大湖區文化同屬一個時代，都是柬埔寨土地上的原始居民。

文獻的觀點指出，在公元前若干世紀，一群被稱為「蒙一高棉（吉蔑）族」（Mon-Khmer）的群體從北往南遷徙，從中國的西南地區緩慢地沿湄公河向南

方移動。他們在到達湄公河中游與蒙河交匯地區，停留了一個時期之後，便分為兩支繼續向東南方和西南方遷徙。一支沿湄公河往東南方到達湄公河三角州和洞里薩湖區，與早在此地區活動的人群結合，建立了以女性為主導的母系氏族國家，即後來的女王「柳葉」體系。約在公元一世紀前後，柳葉與從海路來到此地的外國人「混塡」結合建立了史稱的扶南王國。另一支則沿著蒙河往西南方移動，到達湄南河流域及馬來半島，建立了林陽、金鄰（金陳）、頓遜、郎牙脩等蒙人諸國。而留在蒙河流域生活的其餘人口，就成為今日散居寮國境內的卡黑人 (Khmok, 或謂「克木人」)。寮國一般稱之為「老撾」，卡黑人是組成寮國三大種族中最古老的族群。

2

第二章　國家雛型的出現：扶南（西元 100 年至 500 年）

關於柬埔寨早期的國家型態 ─「扶南」，由於缺乏質量兼具的史籍文物，研究者幾乎完全倚賴中國古籍的相關記錄以求窺其全貌；誠如以治東南亞史聞名的英籍學者 D.G.E. Hall 所言：「如果沒有中國的這些史料，我們對柬埔寨早期的歷史，尤其是『扶南』的發展，將一無所悉。」最早記載有關中國與扶南王國關係的史籍是陳壽的《三國志》；而後的《晉書》、《南齊書》、《梁書》、《宋書》、《南史》、《新唐書》等都爲扶南立「傳」，可見與中國的密切關係。

第一節　扶南國的起源

依據中國史書記載，在現今柬埔寨地區最早出現的國家統治型態是「扶南國」。《梁書》記載：「扶南國在日南郡之南，海西大灣中。去日南可七千里，在林邑西南三千餘里。城去海五百里，有大江廣十里，西北流，東入於海，其國廣三千餘里，土地夸下而平博。」此一描繪約略與今日柬埔寨全境及越南南方湄公河三角洲的範圍相當，其記述的國內自然地理也相允合。扶南王國就處在湄公河三角洲廣博的大平原上，「廣十里」的湄公河橫貫國土，東流入南海。「去海五百里」的都城是在今夢勉省的巴南縣，我國史書稱「特牧」城，柬埔寨史所說的「谷禿碌」（亦即刻錄於碑銘中的梵名 Vyadhapura）。

3

「扶南」國名最早載於史冊者，係成書於三世紀的《三國志》。據《三國志□吳志□呂岱傳》記載，當呂岱爲孫權平定交州之後，曾遣從使赴南方諸國宣揚國威，「暨繳外扶南、林邑、堂明諸王，各遣使奉貢。」中國史書除用「扶南」一名之外，還有「夫南」(左思《三都賦》)、「跋南」（義淨《南海寄歸內法傳》）等稱謂。義淨尚特別說明：「跋南國舊云扶南」。可見，「扶南」是柬埔寨語的漢譯名。其語義緣由可能有以下二端：

第一、係埔寨語 *Ba-Phnom*（意爲聖山）的音譯，因爲柬埔寨自古崇拜山。中國史書所記載的「摩耽山」即是巴南山。古時的巴南山 (*Ba-Phnom*)，直到現在仍被視爲聖山。其國名「扶南」即「山之王國」的意思。

第二、說謂係柬埔寨山地民族 *Phnong* 族的音譯。卜儂 (*Phnong*) 族亦屬蒙—高棉語族系，但比高棉族更早來到湄公河下游地區，扶南國可能就是卜儂族建立的。隋唐以後被北方高棉族的真臘王國取而代之。卜儂族大部分與新來的高棉族同化融合，但仍有部分偏居於東北部山區，自成部落，保留著自己民族的特色。現人口約有十萬人以上。

扶南國約於公元一世紀創立。中國史書所載的傳說：「其先有女人爲王，名柳葉。又有徼國人混塡，夜梵神賜弓，教乘舶入海。混塡乘舶來到扶南，攝服柳葉。混塡遂娶柳葉爲妻，並王其國。」被認爲是柬埔寨立國之始。關於柬埔寨立國之起源，柬埔寨民間亦流傳著美麗的《柏烈唐與龍女》的故事。故事傳說在年代久遠以前，印度有王朝名爲「恩地巴達」，因國王打破傳長之例規將王位傳予幼子，其他四位年長王子憤而離開王國，遠走他鄉。其中一位名爲柏烈唐的王子來到今日柬埔寨「谷禿碌」地方戰勝當地民族，自立爲王，並娶龍王之女爲后。這位柏烈唐王子或許就是中國史書所說的混塡。

4

越南媚山地區發現的碑銘記載也敘說有一位婆羅門教徒僑陳如從德羅納的兒子阿濕婆茶摩那裡得到一枝神槍，並將神槍投擲出去，槍落到哪裡，哪裡就是他立國的所在地。僑陳如在他神槍投至之地建立起自己的王朝，並娶當地蛇王納迦 (Naga) 之女蘇瑪為后。這則神話故事與扶南立國創造者混填與柳葉的傳說十分相似。據說蛇王還為自己的女婿把國中的積水汲乾，把大片國土變成把沃的原野。所以柬埔寨人一直把蛇神 Naga 視為國家的保護神，敬奉於國宮之內，造山起閣，作為全國崇拜的聖地。中國元朝周達觀所著《真臘風土記》記述「真臘」（扶南之後的柬埔寨王國，詳見本書第三章）國宮內金塔之中的九頭蛇精，被人民認為是「一國之土地主」。此外，《真臘風土記》尚載夜裡國王必「先與之同寢交媾」，方能國泰民安，否則「必獲災禍」。這說明蛇神「納迦」崇拜是柬埔寨人民神像崇拜的主要圖騰。直到現代，柬埔寨國內的建築物，如寺院宮殿仍都崇尚以「納迦」為雕飾。例如，位於金邊市區的獨立碑，每一塔層四周都飾以納迦蛇頭像，納迦蛇有五頭、七頭、九頭，被認為是佛祖的護衛神。此外，位於暹粒的吳哥窟 (Angkor Wat) 中央，就有一座佛祖涅槃像，佛祖端坐在盤繞的那迦蛇身上，蛇頭在佛祖背後昂起，有如堅固的保護屏障。

第二節　扶南歷史的發展

關於混填與柳葉結合創建扶南國之後的發展，中國史書仍續有記載：「子孫相傳，至王盤況死，國人立其大將范師蔓。蔓病，姊子旃篡立，殺蔓子金生。十餘年，蔓少子長襲殺旃。旃大將范尋又殺長，國人立以為王。是吳晉時也。」范尋在位時正是公元三世紀中葉。在混填起至范尋，中間經歷盤況、盤盤、范蔓、金生、范旃諸王。范旃王於公元 243 年遣使訪問中國的東吳政權，並於同時派親人蘇物訪問印度。但蘇物與印度使臣陳、宋二人同到柬埔寨時，范旃已被殺，范尋在位，而孫權於公元 245 — 250 年間派遣的從使朱應和中郎康泰回訪柬埔寨也差不多同時到達。因而朱、康二人在「扶南及見陳、宋等，具問天竺（印度）土俗」云。

此後，中國信史對扶南的記載中斷，公元 287 年至 357 年間約 70 年中，中國史書沒有任何關於扶南王國的信息；迄公元 357 年，《晉書》才復有扶南「獻馴象」的記錄。根據《晉書□扶南傳》：「穆帝升平初，復有竺旃檀稱王。」顯然，公元 287 年以後至 357 年的幾十年中，扶南境內發生內亂。《梁書》載：「‧‧其後王僑陳如，本天竺婆羅門也，有神語曰：『應王扶南』。僑陳如心悅，南至盤盤，扶南人聞之，舉國欣戴，迎而立焉，復改制度，用天竺法。」可見竺旃檀雖稱王，可能是個篡位者，所以人心不穩。約四世紀末，扶南人民迎立印度婆羅門僑陳如為王。

僑陳如進行制度改革和採用印度法，開創了扶南歷史的新篇章。此後其王位繼承者為恃梨陀跋摩、者耶跋摩（或稱僑陳如□者耶跋摩）、留陀跋摩。《梁書》說留陀跋摩是者耶跋摩的庶出兒子，「殺其嫡弟自立」。所以當他於 550

年死去後，國內又起紛爭，湄公河中游的侯國真臘，在跋婆跋摩和質多斯那兄弟的領導下，掀起一場征服、兼併上國扶南的戰役，並最後終於七世紀時取而代之。《新唐書》載：「治特牧城，俄為真臘所併。益南徙那弗那城。武德（618-626）、貞觀（627-649）時，再入朝。」

始於公元三世紀的范曼時代是扶南王國發展壯大的階段。范曼英明強悍，開疆拓土，奠定了扶南在東南亞的偉業。中國史書記載：「曼勇健有權略。復以兵威攻伐傍國，咸服屬之。自號扶南大王。乃治作大船，攻屈都昆、九稚、典孫等十餘國，開地五六千里。」范曼在降服中印半島的週邊小國後便建立強大海軍向馬來半島進軍，幾乎控制了暹羅灣沿岸各國，新開闢的領地約等於原本土的兩倍，稱霸東南亞地區。

此外，扶南王國的興起和稱霸，有其優越的自然地理因素和富饒的天然資源因素。扶南本土是一個大江縱橫其境的盆地大平原，氣候溫和、雨量充足、地勢平坦、土地肥沃、物產豐富、盛產稻米，我國史書有「一歲種三歲獲」之記載。公元三世紀時，扶南贈送中國的甘蔗，「一丈三節」，十分粗壯，可見其農業已相當發達；此外，扶南還擁有豐富的林木資源，名貴的紫檀木，蘇方木均「出扶南」。而造船的優質木材 ── 柚木，也係扶南的林業特產之一，為扶南人的造船、航運提供極有利的條件。農林業的發達為扶南的興起和稱霸奠定了堅實的基礎。同時，它位於印度洋和南中國海之間，地處東亞、南亞及歐洲海上交通的要衝，今日迪石以北的古港口城市 ── 哥爾厄是扶南王國時期對外發展的重要基地，也是東西方貿易的中途站和集散地。因此，這些優越的自然地理條件使扶南王國肇建不久便迅速發展，一躍而成為古代東南亞的強國。

第三節　扶南的經濟貿易

扶南的造船業和航海業相當發達，據公元三世紀中受命至扶南的中土使者康泰渠所著之《吳時外國傳》中記載：「扶南伐木爲舡，長者十二尋，廣肘六尺，頭尾似魚，皆以鐵鑷露裝，大者載百人。人有長短橈及篙各一，從頭到尾，面有五十人，或四十二人，隨舡大小。立則用長橈，坐則用短橈，水淺乃用篙，皆當上應聲如一。」這種能載百人以上頭尾似魚的船，也許是航行於內河和近海的快艇，其型採用窄而長的流線型船體，以求阻力小，速度快。另外頭尾還用鐵鑷裝釘，船身堅固。採用長短橈及篙各施其用，可見扶南人的造船和航海技術已具達相當水準。此時能遠航的「扶南大舶」，已活躍於南海和印度洋上，從事著東西方貿易的販運事業。《太平御覽》記有「扶南大船從西天竺而來，賣碧頗黎鏡面，廣一尺五寸，重四十斤。」同時還有專門爲船商出租船隻的行業。

隨著扶南王國勢力擴及馬來半島，扶南人控制著從南印度、馬六甲海峽以及暹羅灣到南海的海上運輸和貿易，即使古帝國羅馬到中國通商貿易，也需借助於扶南。《梁書》載：「其國人（羅馬人）行賈往往致扶南，日南、交趾。」

在現今越南南方迪石稍北的著名古港口城市 ── 哥俄厄遺址中，考古學家發掘出東漢時代的青銅鏡和中國小佛像、羅馬國王的銅像、數千枚的羅馬念珠、刻有婆羅門教符號的鋁質符籙、來自印度的青銅佛像，以及波斯錢幣等。考古發現說明了羅馬、印度、波斯和中國商船都曾在此停留與進行貿易，而范曼征服的頓遜，地理上扼馬來半島中西交通要衝，是扶南另一個著名國際港

市。史載:「其市,東西交會,日有萬餘人。珍物寶貨,無所不有。」此外,還有眾多的港口,如盤盤、狼牙脩,拘利、丹丹、僧柢等皆在扶南掌握之中。

彼時東西交通貿易的兩條航線均須經過扶南:一是從印度洋到馬來半島,通過克拉地峽到暹羅灣,再到中南半島東岸;一是從印度洋穿過馬六甲海峽,沿馬來半島東岸,經暹羅灣到中南半島東岸。此外,扶南陸地的國際交通也十分發達:東北線,從扶南出發,經林邑、日南抵中國南方;西南線,從扶南首都特牧城起,經札多木(金邊)、馬德望抵達今泰國地區;西北線,從都城沿湄公河湖逆流而上,到達蒙河後向西順著蒙河抵今泰東北高原,而後向南抵泰國南部及馬來半島,向北則可到中國雲南。為控制這條國際要道和西北屬國,扶南在蒙河上游的今泰東北高原建立一城名室利提婆(Sri Deva),作為商貿集散地與軍事政治中心。

另方面,扶南的手工業製造也頗負盛名。中國古籍記載:「地出金、銀、銅、錫,扶南人黠惠知巧;扶南持有才巧,不與眾夷同」。這段話即是說,扶南人的生產技能在「眾夷」之上。扶南人善於「鍛金飾鐶、銀食器」,「又號雕文刻鏤」,從其餽贈與中國的金縷龍王坐像、白檀象、象牙塔、珊瑚佛像、旃檀瑞像、玳瑁檳榔盤等藝術品,可見其手工藝之精湛、高超。同時,公元484年訪問中國的扶南使節,一次獻給齊武帝「金五婆羅」,據說每尊婆羅重達560斤,其量不小。

再者,扶南人的聰明才智尚可由興修水利、整治土地的呈就上得到印證。根據航測考古發現,在扶南本土河仙、朱篤、龍川和迪石之間四邊形區域內有一個十分龐密精密的排灌渠道網,它基本依地形的走勢坡度向東北方通往巴薩河,然後由西南方通向大海。這個渠道網既可降低巴薩河的汛期水位,而且還

可能通過連續的節流裝置或利用洪水種植水稻作物。這個渠道網甚至可以用來壓低海邊土地的地下鹽礆水位，以便於耕種。同時，這些渠道網之間的相互溝通，還利於水上交通運輸，乃至於海洋航運。

第四節　扶南的社會結構

　　扶南國的社會體制，可自扶南立國基礎的混填和柳葉結合傳說中，看出分封世襲制的開端。史載混填和柳葉「生子分王七邑」到「其後王混盤況以詐力間諸邑，令相疑阻，因而舉兵攻併之。乃遣子孫分治諸邑，號曰小王」，把國家權力控制在本家族手中。

　　扶南歷史從混填父權確立之後，「生子分王七邑」，混盤況的「遣子孫分治諸邑」，到范曼篡位及其後的范旃襲殺曼子金生篡立，並引發曼幼子長殺旃，旃大將范尋又殺長自立，一連串為奪取世襲王權而進行的殘酷鬥爭，扶南社會已由原來的推選過渡到世襲體制。這種世襲制的基礎是建立在財產私有制的基礎上的，而財產私有又是社會物質財富大量富裕之後才有可能，可見這時扶南社會的物質財富的豐盛。可惜在缺乏扶南本身的文字資料，考古資料也欠缺的情況下，扶南歷史的全貌仍難完全呈現，對扶南王國的社會性質尚難作出決斷，但我們仍可從中國史書記載中窺見一斑。

　　從前述扶南的造船、航運、水利工程和對外貿易的情況看，扶南人已有相當高的生產技能。從青銅和鐵的冶鍊和使用，足證其處於較先進的地位。「扶南王范尋以鐵為斗鶡假距」，扶南船「皆以鐵鑷露裝」，說明扶南已進入了青銅、鐵器使用時代。扶南社會的財產私有制是與其青銅、鐵時代相聯繫的。此外，從其生活起居、文化水平、社會關係觀察也足證其社會進步。「扶南國俗本裸，紋身被髮，不製衣冠裳」，「混填乃教柳葉穿布貫頭，形不復露」。

公元三世紀中國使者朱應、康泰訪問扶南時,「扶南人猶裸,唯婦人著貫頭。」因吳使之指謫,范尋始令國內男子著橫幅。而六世紀初肖子顯《南齊書□扶南傳》記載:「大家男子截錦爲橫幅,女爲貫頭,貧者以布自蔽。」著錦戴金爲扶南大家富族的時尙,即使貧民百姓也能「以布自蔽」,其生活水平可見而之。扶南人「伐木起屋,國王居重閣」,「人民亦爲閣居」,「扶南人最大居舍,雕文刻鏤」,國王遊戲亦「起觀閣」,並常「鬥雞及豨 (豬) 爲樂」,「食器多以銀爲之」這又是反映其生活水平的另一方面,足見其社會財富之豐足,生活之講究。其文化水平也達到相當高的地位,早在公元 243 年便有像中國的「獻樂人」。扶南的樂舞,便列入隋唐「九部樂」之一,新舊唐書和通典均有記載,「扶南樂,舞二人,朝霞行纏,赤皮靴」。

就治理的觀點,扶南王國已有較完整的國家機器。「國有城邑宮室」,除國王外,「諸屬皆有官長,及王之左右大臣皆號爲昆侖」。此外,軍事組織,擁有一支強大的海軍和陸軍,可以長途征戰,降服諸國而取得霸業。但究竟屬於什麼性質的社會,目前資料不足,尙難推斷。但從其王位長子繼承制,全國除大王外,地方各署均有「小王」統治;「貢賦以金銀珠香」的租稅合一制等現象看,這是由於土地「王有」即「國有」所決定的。是以,或可謂扶南社會性質是屬於封建制早期的封建農奴制。這種由扶南時開創的封建農奴制型態,一直延續到柬埔寨被法國佔領以前;這也是許多東南亞國家社會的共同特點。

第五節　扶南與中國的關係

溯至公元三世紀初，扶南與中國間早就存在交通貿易關係。呂岱（公元220-231年任交州刺史）定交州後，「遣從事南宣國威」，暨繳外扶南等國遣使奉貢。這次的朝貢記載，可能是《古今圖書集成》引《吳歷》所載的黃武四年（西元225年）扶南諸外國來獻琉璃等事情。《三國志》載，吳主赤烏六年（西元243年）12月，扶南王范旃遣使獻來人及方物。作爲對扶南243年遣使的回聘，吳主孫權於244-250年間派從事朱應、中郎康泰二人訪問扶南。

渠等所經及傳聞，則有百數十國，因立紀傳，即相傳的康泰《吳時外國傳》與朱應《異物志》等二部。《外國傳》是一部記載公元三世紀時扶南及南海諸國的重要著作。它是研究柬埔寨古代歷史和東南亞交通貿易等都具有極其珍貴的史料價值，是一部同時代人留下來的歷史文獻。可惜原著早已佚，幸而仍可散見於中國各古籍如《北堂書鈔》、《藝文類聚》、《初學記》、《太平御覽》等史書中。

自三國以迄唐初，中國與扶南間貿易往來相當頻繁，據粗略統計，扶南國遣使訪問中國有23次以上。中國和扶南的文化交流也十分突出。扶南國俗雖事奉濕婆天神，但也崇佛法。義淨《南海寄歸內法傳》亦云：「（扶南）國人多事天(神)，後乃佛法盛流。」扶南遂成爲中印佛教傳播的中轉站。中國南北朝時期的統治者也崇尙、倡導佛教，印度僧人和扶南僧人經海路抵涉中國弘揚佛法和翻譯佛經的不少。據有關資料至少有4名扶南著名高僧到中國傳教和翻譯佛經。

第三章　王國統治的奠基：真臘（西元 550 年至 800 年）

公元六世紀中葉，在扶南王國常年動亂逐步墮入衰亡之際，扶南北方屬國
真臘趁勢崛起，逐漸兼併扶南本土；迄公元七世紀中葉，扶南王國已爲真臘國
完全征服，柬埔寨歷史開進入新王國統治的真臘時期。

第一節　真臘的崛起

據《隋書‧真臘傳》記載：「真臘國，在林邑西南，本扶南之屬國也。‧‧
其王姓刹利氏，名質多斯那。自其祖漸己強盛，至質多斯那，遂兼扶南而有之。」
真臘國的發源地在蒙河口之南、現今寮國境內的巴沙地區，領土占有上丁以北
的湄公河中游，即現今柬埔寨北部和寮國南部。其首邑位在陵伽鉢婆山，即今
的瓦富寺附近。其實，在其兄拔婆跋摩即位時，己開始對上國扶南的兼併活動，
質多斯那約於公元 600 年繼兄位，王號摩訶因陀羅跋摩。迄其子子伊奢那跋摩
（即中國史書伊奢那先 ）時才完成了對扶南的征服；亦即，到七世紀中期扶南
才被完全併滅。唐太宗貞觀 (627-649) 年間扶南仍有使者到中國聘問；《新唐書》
記載：「貞觀初，真臘『併扶南有其地』」。

「真臘」亦即「吉蔑」。真臘係吉蔑古稱 Kemara 的譯名，在當代柬華字典
中，Kemara 和 Khmer 都譯稱「吉蔑」或「高棉」。《新唐書》亦載：「真臘，一
曰吉蔑。」公元七世紀以後，柬埔寨在梵文的基礎上，創造出自己的文字，其

民族名稱按梵文寫法讀為 *Kemara*；惟按柬埔寨文的寫法，則為 **Khmer**。真臘或吉蔑，按其民族淵源屬「蒙—吉蔑」族的一支。在十世紀的一個碑銘中銘刻了吉蔑人祖源的傳說，據稱其王族來源是一位叫甘菩的隱士與一個濕婆神所賜的天女米拉結合而來的。這可能反應兩個部落國的聯婚而組成部落聯盟國家的事實，即甘菩米拉國。拔婆跋摩的父親毗羅跋摩是扶南國王分封北方地區的統治者，據考毗羅跋摩與扶南王室有血緣關係。公元六世紀時，拔婆跋摩與甘菩—米拉族系的一位公主叫洛什彌的結合，標志著當地兩大部族的聯盟，而成為獨霸一方的強大勢力，由於拔婆跋摩兄弟倆具有扶南王室血系，而名正言順參與扶南王國的權力鬥爭。

伊奢那跋摩約於公元 611 年繼位。渠完成了對扶南的兼併，建立真臘一統事業，將柬埔寨歷史推向一個新的時期。伊奢那跋摩繼位後致力於向西南洞里薩湖區平原發展，渠在征服了統治森河流域的扶南屬國婆羅阿迭多補羅之後，便在森河岸邊建立他的新都城，叫伊奢那補羅，其遺址在今磅同市以北 27 公里處廢墟三披波萊固。伊奢那跋摩遷都的目的在於擴張勢力範圍，渠向西北征服了查克郎加補羅、阿牟迦補羅和毗摩補羅，向南擴展到尖竹汶即今的莊他武里，與湄南河下游的孟人國家墮羅鉢底為界，政治重心從巴沙地區向洞里薩湖區轉移。

《隋書》載：「質多斯那死，『子伊奢那先代立。』『居伊奢那域，郭下二萬餘家。城中有一大堂，是王聽政之所。總大城三十，城有數千家，各有部帥，官名與林邑同。』」按一家五口計，都城伊奢那就有１０萬之眾，各城也以萬計，全國人口達百萬以上。觀其人口興旺，必定物資十分豐富。

此外，《隋書》記載：「其王三日一聽朝，坐五香七寶床，上施保帳，其帳

15

以文木為竿，金鈿為壁，狀如小屋，懸金光焰，有同於赤土。前有金香爐，二人侍側。王著朝霞古貝，瞞絡腰腹，下垂至膝。頭戴金寶花冠，被真珠瓔珞，足履革屣，耳懸金璫。常服白氎，以象牙為屐。若露髮則不加瓔珞。臣人服制，大抵相類。」可見，其國王之尊貴，宮庭之豪華，金光寶氣，光輝奪目，顯示其國家之富裕和文明。國家組織也很完備。

據《隋書‧真臘傳》所載：「全國中央機構設『有五大臣，一曰孤落支，二曰高相憑　，三曰婆何多陵，四曰舍摩陵，五曰髯多婁婁，及諸小臣。』」這五大臣的官名難解其義，但可以看出其時的政治組織系統已相當健全。不僅有五大臣各管一方面的工作，還有所謂「諸小臣」的僚屬輔助治理，而都城以外各邦，也各有部帥主持管轄，並實行軍政合一的統治制度。臣下人民平時進行生產，戰時便成被召集成為軍人。所以史書上才有國人「行止皆持甲，若有征戰，須聽召令，」帶著口糧和甲杖，隨統治者參加戰爭的記載。

為樹立國君的權威，規定臣下崇奉國君的禮儀：「朝於王者，輒以階下三稽首。王喚上階，則跪，以兩手抱膊，繞王環坐。議政事訖，跪伏而去。」王宮之「階庭門閣，侍衛有千餘人，被甲持杖」，好不森嚴、威風。同時實行嫡長子繼承制，「其俗非王正妻子，不得為嗣。王初立之日，所有兄弟併刑殘之，或去一指，或劓其鼻，別處供給，不得仕進。」目的防止篡權，鞏固王位。

真臘的婚姻喪葬也有定制。「娶妻者，唯送衣一具，擇日遣媒人迎婦。男女二家各八日不出，晝夜燃燈不息。男婚禮畢，即與父母分財別居。」婚畢分財別居之俗，依今尤然。「其喪葬，兒女皆七日不食，剔髮而哭，僧尼、道士、親故皆來聚會，音樂送之，以五香木燒屍，收屍以金銀瓶盛，送於大水之內。貧者或用瓦，而以彩色畫之。亦有不焚者，送屍山中，任野獸食者。」

真臘信奉濕婆天神。《隋書》說，在其巴沙故都，近郊一座山名陵伽鉢婆山，「上有神祠，每以五千人守衛之」。所謂「神祠」，就是祀奉天神濕婆的象徵物 — 陵伽，也即今日瓦富山，它座落在今寮國南端湄公河西岸，高逾 1000 公尺，山之巔有一巨石形似陸伽。梵名稱此山為 linga parvata，意即 linga 之山。隨著領土的擴張，到處修建陵伽並以奉獻籍利沙 (Girisa) 即山王慶祝他的勝利，天神濕婆成了王室的崇奉的宗教。但同時也崇信毗濕奴（Vishnu）和濕婆與毗濕奴合一的訶里訶羅（Hari Hara），而民間則流行大乘佛教。佛教在公元五六世紀的扶南已盛行。是以，《舊唐書·真臘傳》有「國尚佛道及天神，天神為大，佛道次之」的評說。義淨在公元６７１年從海路赴印度求法，在其《南海寄歸內法傳》中也反映這一宗教轉變。他說：「跋南國，舊云扶南。先是裸國，人多事天，後乃佛法盛流。惡王今並除滅，迥無僧眾，外道雜居。」

伊奢那跋摩約於公元 635 年逝世，拔婆跋摩二世 (635-656) 繼承。拔婆跋摩二世無顯赫事跡，建樹亦少，少有關於者統治事蹟之記載。渠死後，王位由者耶跋摩一世 (657-681) 繼承。者耶跋摩一世繼承了先祖輩擴張疆土的傳統。他征服了今寮國中部和北部，把其國家北界伸至與中國雲南的南詔相接，南部包括暹羅灣沿岸。他把國都從三波波萊固遷至更近洞里薩湖巴塞安迪，在他的一塊碑銘中稱頌他是「諸王中光榮的獅子，勝利的者耶跋摩。」

其實，王號「者耶跋摩」字意即為「勝利之王」。「者耶」意為勝利，「跋摩」原指戰袍、盔甲，引申為將軍、門閥、君主之意。然而者耶跋摩一世的統治尚不十分穩固，原被征服的邦國不時地醞釀分離以脫離扶南統治。是以在者耶跋摩一世死後一百多年，柬埔寨陷入政局混亂之中。由於者耶跋摩一世並無子嗣，渠死後由王后者耶提毗執政，然她已無法阻止侯國的分離活動。

在耆耶跋摩一世死後，下真臘已有兩個侯國處於事實獨立的狀態。其一是原被伊奢跋摩征服的婆羅阿迭多補羅在其首領尼栗波提因陀羅跋摩領導下恢復獨立，占有原扶南港口哥爾厄延伸至沿海岸的狹長三角洲，首府在今柬埔寨茶膠省的吾哥波萊，另一是在現今柬埔寨三坡、桔井一帶的商菩補羅侯國也趁機宣布獨立。

基於統治合法性的考量，這兩個獨立的侯國領導人皆聲稱是自己是扶南開國始祖混填和蘇瑪族系的後人。承繼真臘大統的耆耶提毗女王曾在的一塊後世出土的碑銘中，述說其諸多王國式微的情事；由此可推論女王死後，真臘也就已分崩離析了。或許在原真臘國的起源地蒙河一帶形成的「文單國」即後來的「陸真臘」。公元八世紀初，商菩補羅國的公主與婆羅阿迭多補羅的王子結婚，這個王子就成為商菩補羅國的君主，稱商菩跋摩。兩個侯國的聯婚，自然合併為一個國家，即中國史書稱的「水真臘」國。於是原本統一的真臘國分裂為兩個國家：其一占原扶南桔井以下的湄公河三角洲，另一則擁有原真臘的國土，即大湖以北地區；自此出現水真臘和陸真臘兩個並存的國家。

第二節　水眞臘與陸眞臘

究竟眞臘何時起分裂爲水眞臘與陸眞臘？據《新唐書·眞臘傳》載：「神龍（705-707 年）後分爲兩半：『北多山阜，號陸眞臘半；南際海，繞波澤，號水眞臘半。』」

《新唐書》尚載：「水眞臘，地八百里，王居婆羅提拔城。陸眞臘或曰文單、曰婆鏤，地七百里，王號『笪屈』」。《舊唐書》對水眞臘國的領域範圍作了記載：「水眞臘國，其境東西南北幅員約八百里。東至奔陀浪州（今越南藩朗），西至墮羅鉢底國（今泰國佛統地區），南至小海（今暹羅灣），北即陸眞臘。其王所居城號婆羅提拔。」據後事考證，都城婆羅提拔即今柬埔寨茶膠省的吳哥波萊。據此可見水眞臘轄境東起藩朗，西迄湄南河下游的佛統，南臨海，北至三陂與陸眞臘爲界，幾乎相當於過去扶南國本土。

至於陸眞臘的境界，史書並無明文記載。然自唐代賈耽（730-805）所撰的《十道志》中的「入四夷路程」的記載，其中驩州至眞臘一段謂：「自驩州西南三日行度霧溫嶺。又二日行至棠州日落縣。又經羅倫江及古朗洞之石密山。三日行至棠州文陽縣。又經聾聾洞，四日行至文單國的算台縣。又三日至文單外城，又一日行至內城。一曰陸眞臘。其南水眞臘。」《太平寰宇記》也說：「驩州西面至文單國，十五日程七百五十里。」

據上述史籍所在之行程估算，從今越南的河靜省古驩州州治至越南山系的今驕諾山口（即古霧溫嶺）三日程百五十里，則西南十二日程六百里距離的文單都城應爲今日寮國的他曲。地處湄公河左岸的他曲（Tha Kher），可能是笪屈

（Tha Khu）的同名異譯。而現今處湄公河右岸與他遙遙相對望那空帕儂的帕儂可能就是古名婆鏤。「那空」泰語意爲都城，說明此地曾是某王國的都城。那麼，陸真臘領域南面的上丁到北面的現今寮國境內，其東以越南山脈爲界，其西抵洞里薩湖以北及蒙河流域一帶。再加上其北方屬國「道明」或「堂明」就是前述的棠州，其勢力範圍伸至更北。

水、陸真臘皆與中國保持良好關係。陸真臘雖處內陸國家，每次從陸道至中國聘問和進行貿易十分跋涉，至少要步行或乘象 15 日程到驩州，才可轉海道，但必須寄載商船。據非正式統計，陸真臘在近百年中至少有五次訪問中國的紀錄，即 709 年、717 年、753 年、771 年和 799 年。公元 753 年（唐天寶十二年），文單國王子率其屬 26 人訪問中國，彼時適逢唐派兵征討南詔地方政權，文單王子爲感恩，自告奮勇，願隨唐大將何履光從交址（今越北）到雲南征戰。唐玄宗授其屬「果毅都尉，賜紫金魚袋。」戰事畢，始返回文單。

公元 771 年，文單國副王婆彌親駕統率侍臣嬪御 25 人的龐大代表團訪問中國，並帶來珍貴寶物及 11 頭大象獻禮，使唐王朝感慨不已。唐代宗認爲，「能瞻八律之風，來申重驛之貢，君臣入覲，嬪御偕朝，越海逾山、輸琛獻象」，難能可貴，逐詔曰：「周有越裳重驛，漢有楪木獻詩。遠方來儀，從古所記。文單國副王婆彌，慕我朝中之化，方通南極之風。義在撫柔，禮當加等，可開府儀同三司，試殿中監。」唐朝授其官銜之高，僅次於三公。此外，唐朝尚賜婆彌副王爲「賓漢」，係一尊貴的榮譽稱號。公元 799 年，唐德宗還授來訪的文單國使李頭及爲「中郎將」。由上述記載可見文單國與中國唐王朝親密關系。陸真臘國在分裂時期能獲得東方大國中國政治承認和貿易往來，有助於克服危機、延續王國的生存。

另一方面，水真臘國雖有近海地利之便，然由於國內紛爭和外族的侵擾，訪問中國次數並不算多。而在不到 50 年中也有 5 次，計 706 年、709 年（兩次）、717 年、750 年。八世紀的下半葉，中國史書就沒有水真臘消息。原因是八世紀中葉，西爪哇和蘇門答臘一帶興起以巴林傍爲中心的三佛齊王朝，逐漸取代扶南的海上貿易中心地位，並且採取「亦商亦盜」的行逕，不時到印支半島沿岸進行搔擾。

爪哇的一塊碑銘記載了珊者耶王曾征服了水真臘國的事蹟。阿拉伯商人蘇萊曼遊記中記亦述有關水真臘國被征服的傳說故事。故事述說一位年輕的吉蔑國王輕率地表示渴望見到在他面前的盤子裡盛放著室利佛逝國王摩訶羅者的頭顱。這事傳到了室利佛逝國王耳朵裡，他便發動對水真臘首都的一次襲擊，征服了水真臘，並把水真臘國王殺了。他把國王的頭顱帶回國，用藥物防腐後放入甕中，送回真臘，以示警告。而在後世出土的一塊柬埔寨碑銘中，記載創立吳哥王朝的者耶跋摩二世在未登上王位之前曾到過爪哇，這可推論者耶跋摩二世可能是作爲人質而被帶往爪哇的。而九世紀初，跋摩二世統一全國後曾舉行一次慶典，莊嚴地宣布柬埔寨的獨立，這也說明水真臘國在八世紀下半葉曾被爪哇的夏連特拉王朝所征服。

八世紀末葉，上述被擄去爪哇當人質的王子回到了柬埔寨。渠自後來的一塊碑銘中知悉他是阿寧迭補多羅的尼栗波提因陀羅跋摩的曾孫。這位恢復柬埔寨獨立的王子就是創立吳哥王朝的者耶跋摩二世。者耶跋摩二世首先在今磅湛市東面的班迭帕諾哥（Banteai Phrei Nokor）遺址建立第一個都城，叫因陀羅補羅（Indrapura）。並且爲了樹立新國王權威，他任命一個名爲濕婆迦伐利耶的婆羅門，創立一種崇奉提婆羅者即天神之王與地王合一宗教，而這個宗教的中心

是崇拜一個象徵國王神性的林伽。

　　者耶跋摩二世宣揚國王的神性權威係婆羅門大師從濕婆天神傳授與他的，實際上是「王權神授」的一種模式，渠並將宗教崇拜與傳統的山帝崇拜結合起來，把神廟建立在山頂上，不管這廟山是天然的還是人工的，都設在首都的中心區，並被認爲是宇宙的軸心。者耶跋摩二世創立這種信仰，也是表明一種獨尊的心態，昭告世人沒有人的地位比他更尊貴。同時還自命自己就是輪轉王、宇宙之君主。於是自他以後，每位國王在登上王位寶座後，都爲自己建一座山廟，作爲奉祀「神我」的林伽山廟，死後便成爲他的陵廟。這可由吳哥時期這類廟宇林立而且越來越宏偉的趨勢，得到證明。

第四章 璀璨文明的帝國：吳哥（西元 802 年至 1434 年）

第一節 吳哥王朝的建立和發展

者耶跋摩二世建都於今柬埔寨境內的磅湛區域，這也是他建立的若干都城的第一個。者耶跋摩二世一邊致力於全國一統事業，一邊不斷選擇既可防敵又有發展前景的合適地點以建設新都。者耶跋摩二世看中洞里薩湖區大平原，作為其政治，經濟中心，因為此一地區離海遠，有防衛爪哇入侵的有利位置，此外，此區域又是全國的大平原之一，具有發展農業經濟的雄厚潛力，而鄰近的古侖山又盛產石料，可供建城造宮之用。

基於上述諸端理由，者耶跋摩二世首先把都城遷移到今柬埔寨暹粒東南面的訶里訶羅洛耶，即現今的羅盧奧斯遺址。其後，者耶跋摩二世又建第三個首都，名為阿摩羅因陀羅補羅，詳細地點所在則未可知。最後者耶跋摩二世遷都到今吳哥東北古侖山（Phnom Kulen）或稱「荔枝山」區域，在此修建摩訶因陀羅跋伐多城（Mahendraparvata）。都城建成後，者耶跋摩二世於公元 802 年在新都舉行隆重的慶典儀式；渠在這慶典上莊嚴地宣布柬埔寨的獨立，發出崇奉提婆羅者的詔諭。之後他又回到了羅盧奧斯，於公元 850 年逝世。者耶跋摩二世是偉大吳哥王朝的開創者，也是璀璨吳哥文明的奠基者。

者耶跋摩二世死後他的兒子者耶跋摩三世（850-877 年）繼承。此王在位似沒有多大建樹。公元 877 年由他的表兄弟承繼王位，號因陀羅跋摩一世（Indravarman I ，877-889 年），他取得水真臘的一部分商菩補羅的統治權。因

陀羅跋摩一世是第一個發展吳哥地區水利建設的國王，建造蓄水池和開浚河渠，使吳哥地區農業得到灌溉而獲得發展。他在當時的都城羅盧奧斯修建許多神廟如聖牛殿（Preah Ko）、巴戎廟（Bakong）等，被以為是吳哥建設的開創者。因陀羅跋摩一世死後由兒子耶蘇跋摩（Yasovarman，889-900 年）繼承王位。耶蘇跋摩把國都從羅盧奧斯向西北推移十多公里地勢較高的巴肯（Bakheng）山腳。耶蘇跋摩在此山上修建巴肯寺，以此寺山為中心點修建王城，猶如須彌山為四大洲的中心；而流經此地的暹粒河，則被視為如「神聖的恒河」一樣。都城名為耶蘇陀羅補羅（Yasodharrapura），占地約 20 平方公里，其廢墟為現今吳哥城所重疊。但其修建巴肯寺仍在，成了吳哥王城南郊的古寺，即《真臘風土記》所載之門外「石塔山」。

耶蘇跋摩修建了著名的東巴萊大蓄水池，長 7000 公尺，寬 2000 公尺，是承接從古侖山流下的河水與暹粒河溝通，供應全城用水及農業灌溉。此外，耶蘇跋摩還開闢了吳哥西部的一些土地，使吳哥的農業進一步發展；渠同時也是神廟建築的狂熱者，在首都附近山頂幾乎都修建了神廟，最著名的是在扁擔山脈的一個三角山岬頂上修建的柏威夏寺。據出土碑銘記載，耶蘇跋摩已建立一個北接中國，東迄占婆，西至馬來半島北部，相當於扶南強盛時的帝國版圖。在這區域內的諸邦國繼承吾哥的宗主地位。

公元十世紀的吳哥王國共有六位君王相繼執政。首先是耶蘇跋摩的兩位王子相繼繼位，即長子闍利沙跋摩一世（900-923 年）和伊奢那跋摩二世（923-928 年）；然此兩位王子並無乃父才幹。在伊奢那跋摩二世統治時期，其王叔進行政變，是為者耶跋摩四世 （928-942 年）。耶跋摩四世將國都遷至吳哥東北約 80 公里的國基 (Koh Ker)。公元 944 年，羅貞陀羅跋摩（Rajendravarman，944-968）

推翻者耶跋摩四世的年幼繼承人闍利沙跋摩二世，自立爲王。

羅貞陀羅跋摩首先將國都從國基遷回吳哥，並將吳哥城擴建得更富麗堂皇，修建若干嶄新而光輝奪目的殿廟。吳哥城被描繪爲壯麗動人，像人間的摩訶因陀羅宮一樣；而其中最傑出者，首推「空中宮殿」披梅那卡寺（Phimeanaks）。今日柬埔寨境內的空中宮殿是經者耶跋摩五世（968-1001 年）所增建，再由蘇利耶跋摩一世（1002-1050 年）拆毀重建者。羅貞陀羅跋摩還在原東池中央建立新的神殿，名爲東湄本寺（East Mebon）。這是一個三級平台，台上築五磚塔，以奉濕婆神。《真臘風土記》說池中「有石塔、石屋。塔之中有臥銅佛一身，臍中常有水流出。」此臥銅佛或爲濕婆神像。

十世紀最後一位吾哥君王係者耶跋摩五世（968-1001 年），渠爲羅貞陀羅跋摩國王的合法繼承人；然因年幼，故登基初期政權掌握在權臣婆羅門大師手裡。然耶跋摩五世成年親政之後，便展現了他的才華和作爲。雖然仍以耶蘇塔拉補羅爲國都，但在王城東面靠東池處建造他的新宮。新宮中央神殿的「金喇叭山」，就是今日仍在的達嬌（Ta Keo）。他在位期間特別重視婦女的地位，在他興建諸寺廟中，有一座女人宮，叫做班蒂斯雷（Banteay Srei）寺。這是一座小巧玲瓏，精美著稱的小型廟宇，被譽爲吳哥建築藝術中的一顆明珠。此外，如達嬌寺（Prasat Ta Kao）、巴本昂寺 (Ba-Phnom)等都在這時興建。

吳哥王朝歷史進入十一世紀之後，出現了被稱之爲「偉大君王」的蘇利耶跋摩一世 （Suryavarman I，1002-1050 年）；傳說蘇利耶跋摩一世是單馬令國的王子、柬埔寨因陀羅跋摩一世母系的後人，後世出土的碑銘將他說成是以寶刀「擊敗四周敵人」而獲得王位的。蘇利耶跋摩一世是對柬埔寨有建樹的君主。

首先，在國內建設方面，蘇利耶跋摩一世發揮前人的創造精神，興建一批著名的廟宇，最著名者乃渠拆毀重建了著名的「空中宮殿」披梅那卡寺（Phimeanakas），使它更加光輝奪目；然披梅那卡寺並非王宮，而是聖廟。柬埔寨傳說的保護神九頭蛇王納伽，《真臘風土記》記載：「系女身，每夜則見，國主則先與之同寢交媾」，否則「必獲災禍」。此是將國王神化之範例。其次是繼續者耶跋摩五世未竟的達嬌（Ta Keo）工程。在版圖擴展方面，在今泰國華富里的碑銘說他把單馬令和墮羅鉢底（佛統）畫入柬埔寨版圖。蘇利耶跋摩一世還是柬埔寨歷史上第一個皈依大乘佛教的國王，提倡對觀世音菩薩的信仰。蘇利耶跋摩一世的皈依佛教對其後續的君王有很大的影響；例如，十二世紀對吳哥發展具有重大貢獻的者耶跋摩七世就是一位虔誠的大乘佛教信徒。

繼承者蘇利耶跋摩一世的是他的兩個兒子，雖然國家發生局部叛亂，但國家仍繼續興旺發達。烏迭蒂耶跋摩二世（Udayadityayarman II，1050-1066 年）統治時期寺院建築代表作爲巴普昂寺（Baphuon），它是一座高 20 公尺餘的平台三層建築，上祀一尊金塑或包金的陵伽像。烏迭蒂耶跋摩二世在都城西郊開挖西巴萊水庫，長 8000 公尺，寬 2200 公尺，比東巴萊更大；此外，渠將水利與宗教、藝術結合起來，於湖中心構築人工小島，島上修建一寺，叫西湄本寺（West Mebon）。目前此池仍有 60% 的面積蓄水，可供暹粒以西、大湖供水線以北 1000 多公頃的農田灌溉。

烏迭蒂耶跋摩二世死後，兄終弟及，是爲闍利沙跋摩三世（Harshavarman III，1066-1080 年）。此時吾哥正處在內憂外患的時候，主要對抗東方另一古國占婆的一再侵擾，同時要面臨來自於國內覬覦王位者的威脅。闍利沙跋摩三世最終遭到一位邦國的王子所推翻，這位非王族的王子自立爲王，號者耶跋摩六

世（1080-1107 年），但吾哥仍處於內爭紛亂狀態。者耶跋摩六世死後，渠並無子嗣，王位傳給其兄長，史稱陀羅尼因陀跋摩一世（1107-1113 年）。陀羅尼因陀跋摩一世本是已退隱寺院的修行者，在此一特殊的情況下出來主持國政；陀羅尼因陀跋摩一世「謹慎地治理著國家」，一切悉聽婆羅門大師迪瓦卡拉（Divakara）的意見。陀羅尼因陀跋摩一世後遭這位掌握實權的婆羅門所出賣，被自己的一個侄孫所推翻。在這位婆羅門大師的安排下，篡位的侄孫登上王位，號稱蘇利耶跋摩二世（1113-1150 年）。

蘇利耶跋摩二世是柬埔寨歷史上戰功顯赫、有所建樹吾哥君王。蘇利耶跋摩二世首先安定國內，一統全國，而後擴張版圖。中國《宋史》載：「其國『東際海，西接蒲甘，南抵加羅希……地方七千餘里』」，被譽爲「偉大的戰士」。蘇利耶跋摩二世對吳哥城的建設也留下世人矚目的遺跡，其中最突出的即今之吳哥古城南門外約一公里的吳哥窟（Angkor Wat），至今仍爲世所人讚不絕口的偉大建築。吳哥寺周長約 5.6 公里，分三邊，最高寶塔頂離地面 65 公尺，費時 30 年始完成的偉大工程。吳哥窟中心寶塔供奉著身跨嘎魯達 (Garuda) 的毗濕奴金像。蘇利耶跋摩二世自況爲毗濕奴天神的化身，渠死後吳哥窟就是他的陵墓；蘇利耶跋摩二世稱自己爲 *Paramavishnu Loka*，即「與毗濕奴神永遠同在的國王。」之意。

蘇利耶跋摩二世死後，吾哥內亂又起。先是由陀羅尼因陀羅跋摩二世（Dharanindravarman II，1150-1160 年）繼承王位，而後爲耶蘇跋摩二世（1160-1165 年）所承繼。惟不久後，王位爲特里布婆那蒂耶跋摩（Tribhuvanadityavarman，1165-1177 年）所篡奪。然特里布婆那蒂耶跋摩即位後吾哥持續遭受占婆的威脅，戰爭不斷；公元 1117 年，占婆軍隊從水路攻取了

吳哥城，國王被殺。一個前王即陀羅尼因陀羅跋摩二世的兒子，經過四五年的獨立戰爭，終於擊退占婆入侵者，並被擁戴爲王，是爲者耶跋摩七世（1181-1125年）。

在吳哥巴戎（Bayon）寺的廊壁上浮雕，生動地反映了吾哥與占婆戰爭的情形。公元 1190 年，者耶跋摩七世再次擊敗了占婆的進攻。1203 年吾哥兼併占婆，扶植一位占婆王族成員進行統治。者耶跋摩七世使吾哥在與占婆的長期征戰中，化被動爲主動；除使吾哥在對占婆戰爭中取得絕對勝利之外，並向西南方擴展，迫使一些小國向吾哥稱臣。者耶跋摩七世統治下的吳哥王朝達到最鼎盛時期，其版圖是吳哥王朝史上最大者，除本土外，占婆及今寮國、泰國、緬甸及馬來半島的部分地區也都是吾哥屬邦。《真臘風土記》記載：「其屬郡九十餘」，雖有誇大之嫌，但足以證明其勢力範圍之廣大。

者耶跋摩七世是個虔誠的佛教徒，柬埔寨的佛教也因之盛行，但婆羅門教在王室的地位不變。者耶跋摩七世對於興建廟宇狂熱超過任何一代國王。他先在東池西南面修建班蒂卡迪（Banteay Kdei）及其相連的水鏡（Sras Srang），又在東池西南角再修建塔普倫寺（Ta Phroom）以奉祀其母，在北池西北建造帕甘寺（Preak Khan），奉祀其父。這兩組廟宇都是迷宮似的巨石建築。此外，他還在外地如馬德望、磅湛等地修建一些寺廟。而後開始營造吳哥通（Angkor Thom）王城，四周圍以石牆，周長約 12 公里。這就是其後七、八十年元朝人周達觀所見的「城廓」。《真臘風土記》載：「州城周圍可二十里。有五門，門各兩重。惟東向開二門，餘向皆一門。城之外皆巨濠，濠之上通衢大橋。」

據當代實地考測，周達觀對吾哥通的記述與現今遺跡相符。此外，者耶跋摩七世在王城正中央興建了著名的巴戎寺（Bayon）。其實此塔寺始建於十一世

紀上半葉的蘇利耶跋摩一世，者耶跋摩七世進行重建。它是柬埔寨建築藝術的精華，也是吳哥最後一座雄偉的石廟，規模僅次於吳哥窟。者耶跋摩七世將巴戎廟建於王城的正中心，乃寓意於宇宙之中心，象徵著諸神之家—須彌山。吳哥經過幾百年的不斷建設，已成爲名符其實「廟宇之林」。趙汝适《諸蕃志》給予「殿宇雄壯，侈麗特甚」的評價。此外，者耶跋摩七世在交通運輸方面也有具體建設，其中最突出者係開通從都城到各地的道路，並在道路的一定距離修建驛站，共有 121 處。

第二節　吳哥王朝的衰落

者耶跋摩七世過世後，吳哥王朝國立急劇衰落；其主因一般歸咎於渠在位時連年用兵以及龐大的建築計劃，耗盡了國家財力、物力和人力。繼承王位的是者耶跋摩七世的兒子，因陀羅跋摩二世（1215-1243 年）。因陀羅跋摩二世繼承了一個幅員遼闊的國家，但無法治癒乃父大興土木和戰爭對國家元氣所造成的創傷，已無力挽回王國日漸式微的趨勢。吾哥先是從占婆撤軍，繼而屬邦紛紛叛離，如單馬令、羅斛等均宣告脫離吾哥獨立。而後東邊的大越國和占婆相繼入侵，尤其西面素可泰（Sukhodaya）的興起，更對吳哥王朝造成重大威脅。

因陀羅跋摩二世才識平庸，難以力挽狂瀾。因陀羅跋摩二世在宗教信仰方面，一反者耶跋摩七世的興佛舉措，大力提倡濕婆教，即恢復者耶跋摩二世開創的提婆羅者信仰。然吾哥民間卻正在傳播佛教上座部，即小乘佛教，其中心在錫蘭（斯里蘭卡）。到者耶跋摩八世的後期，小乘教已在柬埔寨民間傳播開來。周達觀於 1296 年隨元朝使者到達柬埔寨時，老王已逝，新王初立。周達觀在《真臘風土記》的「三教」條記載：「為僧者稱呼為苧姑」「苧姑削髮穿黃，偏袒右肩，其下則繫黃布裙，跣足。・・・僧皆茹魚肉惟不飲酒。供佛亦用魚、肉。」這與現代柬埔寨僧侶生活習慣無異。

在柬埔寨民間，流傳著這樣的故事：吾哥王朝時期有個管理王室瓜園的長官名叫達柴。為了防備偷瓜，國王賜給他一支長矛，並授予「先斬後奏」的特權。一天夜裡，國王想吃甜瓜，便帶著兩位侍女徑自到瓜園摘瓜，被這瓜園長官刺死。大臣和有關官員討論王位繼承時，非但未懲治這位瓜園長官，反而擁立渠為國王，渠更娶已故國王的女兒為妻。

30

這場宮廷革命在《真臘風土記》的「國主出入」條有所載:「新主乃故主之婿,原以典兵爲職。其婦翁俎,其女密竊金劍以付其夫。以故親子不得承襲。曾謀起兵,爲新主所覺,斬其趾而安置於幽室。」並說:「聞在先國主,轍跡未曾離戶,蓋亦防有不測之變」,但「新主身嵌聖鐵,縱使刀劍之屬著體不能爲害,因持此遂敢出戶。」由此可見,這是一場政變。執掌兵權的駙馬和公主合謀,偷出象徵王權的寶劍而使夫婿登上了國王寶座。

另一說法是,者耶跋摩八世時因國內政局不穩,所以國王不敢出門與老百姓見面,可能與民間信仰小乘佛教,反對國王所提倡的提婆羅者有關。但吳哥王朝自因陀羅跋摩三世(1295-1308 年)開始,小乘佛教在柬埔寨盛行,到因陀羅者耶跋摩四世 (1308-1327 年),尤其者耶跋摩□波羅密首羅統治時期(1327-1340 年),梵文碑銘突然消失了。可能國王、朝臣貴族都改信小乘佛教。小乘佛教的巴利語成爲官家語言。

宗教上的變革造成政治後果是,原來由者耶跋摩二世倡導的「王權神授」或「神王合一」的政治精神支柱崩潰了,這同時也直接影響王國原來的經濟模式,即在神王合一的權威下,號召大量民眾在吳哥地區興修的大型水利灌漑系統工程,使大片農田得到灌漑,農業獲得豐收,並仰仗這種集約生產的經濟模式,建立起吳哥王朝的國勢。但如今這個神王權威落地,再也無法動員大批勞力,對這些大型水利工程進行經常性的整治、修復,使之通暢。由於河渠的淤塞,使這些原有利於農田的水利系統工程,反而造成不利農作的累贅,水利變成水害。此時吳哥曾發生洪水泛濫成災。

農業經濟衰退直接影響國力的增強,柬埔寨在十三世紀以後國勢漸漸衰落。尤其十四世紀中以後,王室內部的紛爭不已。據柬埔寨編年史記載,在 1340

年至 1353 年間的短短十幾年，就有四位國王走馬燈似的相繼登上王位。而這時，吾哥西方今泰國素攀地區崛起一個新的泰族王國，1349 年定都於阿瑜陀耶，史稱「阿瑜陀耶王國」（Ayuthia），並於 1353 年至 1431 年間三度攻占吳哥城。在最後一次即 1431 年吾哥城遭攻占後，吾哥王朝不得不放棄吳哥另覓新都。1432 年先遷往斯雷山托的巴桑，但又遭遇洪水襲擊，於 1434 年將國都再次遷往湄公河與洞里薩河交匯處四臂灣的札多木（柬語義為四岔口，即現今的金邊市）的地方，吳哥王朝正式終結。

　　儘管吾哥王朝在十三世紀下半國勢已衰，然百足之蟲死而不僵，吾哥仍苟延了百多年之久。在這段期間吾哥與中國的元、明王朝保持著密切的政治經濟關係。元朝曾於 1296 年派遣使團訪問吾哥，受到因陀羅跋摩三世的熱烈接待。使團在柬埔寨逗留了一年許，隨使團到達吾哥城的溫州人周達觀寫下了《真臘風土記》一書，它詳實生動地記述了柬埔寨十三世紀末葉各方面的事物，是同時代人所寫的柬埔寨吳哥文化的唯一歷史紀錄，十分珍貴。該書談到通過這次遣使，「遂得臣服」，即建立了吾哥與中國的友好關係。尤其有明一代，兩國使團往來互訪十分頻繁。據明史記載，兩國「使臣不絕，商賈便之」。從洪武三年（1370 年）至永樂十七年（1419 年）的 38 年間，真臘使者訪問中國至少有 18 次平均兩年一次。公元 1389 年的四月、六月、九月三次「入貢」。而明王朝遣使真臘也有八次之多。

第三節　吳哥王朝的政治與經濟

吳哥王朝是柬埔寨古代歷史上空前統一、經濟發達的強大封建王國。在吾哥最強盛時期，其統治範圍包括現今中南半島的大部分地區及馬來半島的中北部地區。《真臘風土記》載：「屬郡九十餘，曰真蒲、曰查南、曰巴澗、曰莫良、約八薛、曰蒲買、曰雉棍、曰木津波、曰賴敢坑、曰巴廝里。其餘不能悉記，各置官署。」大概除了現今柬埔寨本土外，還包括今日越南的南部、寮國、泰國、緬甸的部分地區。

吳哥時期的柬埔寨社會仍處於封建農奴制的階段。國王擁有一切，正所謂「普天之下莫非王土，率土之濱莫非王臣」。柬埔寨法典明確記載：「國王是『土地之主』，國王是『土地與水的首領』，『國王的財富等於王國全部地區的人民、水、土地、森林與山脈』」。農民耕種土地必須向國王繳納收穫實物的十分之一，即「什一稅」。而事實上，農民繳納還不止於此。國王派遣往各地收稅的官吏，還藉機向農民敲詐勒索。此外，農民還要爲國王服勞役，如興修水利、興建廟宇等，或者被徵召去服兵役打仗。農民在服役期間，個人還要自備衣、食工具或槍械。

者耶跋摩二世建立吳哥王國後，極力強化國家機器。從中央到地方建立了一整套封建統治機構。在國王之下，設「丞相、將帥、司天等官，其下各設司吏之屬」。爲保證效忠，「大抵皆國戚爲之，否則亦納女爲嬪。」各級官吏，「出入儀從各有等級」。貴戚居民居處也有定制，《真臘風土記》載：「其如國戚大臣等屋，制度廣袤，與常人家迥異；周圍皆用草蓋，獨家廟正寢二處許用瓦。亦各隨其官之等級，以爲屋室廣狹之制。其下如百姓之家；祇用草蓋，片瓦不敢

33

上屋。其屋雖隨家之貧富，然終不敢效府第制度也。」而吾哥王也像中國皇帝一樣，妃嬪成群，史書記載：「國王凡有五妻，正室一人，四方四人。其下嬪婢之屬，聞有三五千，亦自分等級」。「凡人家有女美貌者，必召入內。」

吳哥王朝統治者也十分注重精神統治。者耶跋摩二世立國之初，創立「濕婆羅者」信仰，宣揚「王權神授」和「神王合一」，將自己說成是天神的化身，賦予統治民眾的權力。所以每位國王登位之後，都要建立廟宇以供奉「神王合一」的濕婆羅者，作爲王國中心和全國宗教崇拜的偶像。國王死後，這廟宇就是他的陵廟。他的子孫與後繼人，在廟宇中爲之樹碑刻石，歌功頌德。

爲建造各種廟宇，要花費民眾大量錢財與人力；者耶跋摩七世在建造諸多神廟中，僅爲他死去的母親建造的塔普倫寺，據出土碑銘記載，用於裝飾這個廟宇的金片與銀片約有一萬斤重，珍珠寶石 4 萬多件，還有金銀器物等一大批，極盡其奢華之能事。寺裡還有僧侶、舞女數千人，每天爲其母的亡魂誦經和舞獻佛飯，每天需要大量的物品供給。這些龐大的開支和繁重的差役，者耶跋摩七世指定由三千一百多個村子的七萬九千農民來負擔。廣大農民經年辛勤，擔負繁重的賦役，輾轉在死亡線上，這也是者耶跋摩七世之後柬埔寨迅速衰落的原因之一。

吾哥王國社會的最底層是供人使喚的奴婢。佔有奴婢的多寡成爲人們擁有財富的標誌之一。中國史書載：「富者有一百多個，少的有一、二十個。」他們被當商品一樣來進行買賣，「少壯者一人可值百布，老弱者止三四十布。」他們被視爲最卑賤的人，只能在主人住屋的下層住居，只許在奴婢之間進行婚配。其下一代仍是主人的奴婢。如有逃跑或反抗者，捉回來時輕則刺面爲紀，罰作苦役，重則被施予禁錮，或橫遭殺害。

34

吾哥人民是勤奮智慧的人民，民間社會擁有無限的創造力，為古代柬埔寨社會打造了相當高度的物質文明。在吳哥時代，柬埔寨人民在洞里薩湖區的吳哥平原進行系統的土地與水利整治。他們充分利用源於扁擔山脈的河流如森河、斯棟河等和源於荳蔻山脈的河流如桑歧何，把它們引向人工開鑿的吳哥水庫—東池、西池和北池。再通過暹粒河與洞里薩湖溝通，然後，巧妙地修浚縱橫交錯的溝渠，形成一幅連成一氣的宏偉灌溉網絡。他們既是很好的水利灌溉系統，又是與吳哥建築物配套建設的美麗點綴。這個水利網絡系統，可以保證在雨季時將水盡量蓄積起來，而旱季時則利用水庫的水供應吳哥成用水和農田的灌溉。

近代空中攝影考古已能整個繪製出不平凡的吳哥水利系統圖，其以多個大儲水池（巴萊）為本位，利用相連的無數溝渠為網絡，形成一個有機的水利網。各儲水池利用地勢設置排水口與灌溉引水渠道網，巧妙運用重力作用把巴萊湖水引向下游的溝渠網。儲水池都在合理位置開出水口，並在出水口處設置了精巧的送水機械，旱季需水時，打開閘門，水便沿著溝渠網流向各處。而被水網所切劃成的四方形土地上的稻田，一年可收種三造甚至四造。即中國史書所說的，「大抵一歲中，可三四番收種。」

吾哥水利工程網同時還可控制洪水氾濫時土地不受侵蝕。其工程之規模、完美，被認為是無與倫比的偉大工程。這是繼承了扶南的水利灌溉傳統而創造的另一奇蹟。柬埔寨人民就是充分利用他們的聰明才智，系統地整治水利與土地，而創造了九至十四世紀光輝奪目的物質財富。吳哥時期物產除水稻外，其他如林木、椰、竹，還有各種香料、黃蠟、胡椒、豆蔻、紫梗、大風子油、石榴、甘蔗等物產也很豐富。珍禽異獸、象牙、犀角、翠毛，也馳名於世。是以

35

史書有「舶商自來有『富貴真臘』之褒者」的記載。

　　吳哥時代的手工業，尤其金屬礦產的開採和冶煉也前進了一步。已能製造供農業生產普遍使用的耒、耜、鐮、鋤等農具，能製造精巧的牛車、馬車等交通運輸工具，能引曬海水爲鹽，能分別用蜜糖、米飯和一種樹葉爲原料，釀造成多樣的酒；能利用當地盛產的「吉貝」（木棉花）紡紗織布，並染成各種顏色，裁製成華麗鮮豔的服飾。

　　吳哥時期的醫療衛生與商業交通相當進步。據碑銘記載，全國設有 102 所醫院，每所醫院有 2 名醫生、6 名助理、14 名護士製藥師，2 名廚子和 66 名其他雜務人員，共 96 名。這樣的醫療組織和條件，反映了吳哥時代的高度文明。至於交通，在連接吳哥的首府占婆、各屬郡與吳哥都城有道路可通。同時，沿途都有驛站，全國共有 102 個驛站，專供商賈旅客歇宿。驛站之間的距離相當於一天步行的旅程。其商業之發達，我國史書有「番商興販」之評說。國內商業貿易《真臘風土記》記載：「每日一環，自卯至午即罷。無鋪店，只以蓬席鋪地，但各有常處。聞亦有納官司賃地錢。」

第四節 吳哥式建築和雕刻藝術

吳哥時代的柬埔寨人民還創造了舉世矚目的吳哥式建築和雕刻藝術。遺留下來的吳哥古跡，包括吳哥通王城和吳哥窟古剎（吳哥寺）等大小建築物六百多處，分佈在面積約 45 平方公里的吳哥叢林與山頭上。每一座建築物，都體現柬埔寨人民非凡的創造。吳哥建築藝術經過幾百年的推陳出新，不斷發展，形成獨具一格的藝術高峰。它是世界人類古代文明的璀璨瑰寶之一，直到今天仍為世人所讚嘆和欽佩。

吳哥古跡中最為傑出者首推吳哥窟。吳哥窟建成於十二世紀中葉，吳哥藝術經過了幾百年的不斷發展，這時已達到最高峰。吳哥寺規模宏偉，占地 480 多畝，但設計莊嚴勻稱，由遠至近，漸次呈現。人們行走至此，叢林豁然開朗，顯示出這座傑出的巨大建築物。遠處望去，就看見以天空為背景的五座寶塔頂尖的剪影像蓮花蓓蕾似地突出在叢林頂上，倒映在周圍寬闊的濠溝之中，水光塔影，令人目眩神馳。

吾哥窟坐東向西，外圍覆以長方形的外、內圍牆，圍牆外由寬達 190 米的濠溝環繞著，周長 5 公里餘。外圍牆正西中央開三門，門內為一廣大庭院，可容數千人，周圍還有幾百個石塔，石屋環抱著。向東沿著一條長達 347 米的大道前進，就到內圍牆的大門，穿過大門，便可看到一組三階層的寶塔式大建築物，這就是吳哥寺的主體部分。最低一層高出地面 35 公尺，成長方形，東西長 215 公尺，南北寬 187 公尺。第二層又高出 7 公尺，長寬各為 115 公尺與 100 公尺。第三層又高 13 公尺，長寬為 75 公尺見方。沿著連接上下階層的石階梯登高，可以到達中間階層與最高階層。

吾哥窟最高一層的平台上，矗立著象徵神話中諸神之家和宇宙中心的五座寶塔。正中央一座寶塔高於地面 65 公尺，相當於 20 層樓房高。其餘四塔比較小，分立於平台的四角。塔身越過頂上越尖，有刺破青天之勢，挺拔壯觀。中間階層的四角邊台各有一座小塔。每一層的四周都繞以石砌迴廊，廊內有庭院、藏經閣、壁龕、神座等。每一層的四邊均有石雕門樓和連接上下階層的階梯，階梯的欄杆上都有七個頭的蛇王納迦石雕盤繞，階梯兩旁還飾有美麗的石獅。全部寶塔、門樓，都飾以蓮花形的石雕刻，從底層直到最高的寶塔，外部的每一塊石頭，都加以精細的雕刻。整個寺院全部用古侖山的沙岩石，一塊塊、一層層疊砌而成，石塊與石塊之間，或靠重量，或以形狀平衡自然吻合，或用從一種樹汁提煉出來的黏液黏和，平穩牢固。

吳哥窟的浮雕石刻，是吳哥藝術的精華。全部的石砌迴廊、殿柱、門樓都有精美的浮雕石刻，有的還油上朱漆，飾以金箔。而以最底一層浮雕迴廊最為精彩。整著迴廊長 800 公尺，高 2 公尺餘，壁面布滿浮雕，有的表現戰爭，如柬埔寨與占婆屢次戰爭的圖景，有的表現生活，如國王出遊、人民捕魚打獵，有的反映宗教活動，如翩翩起舞的女神，趺坐的佛陀，有的敘述古代神話和描述印度史詩 (epics) 中的題材，如攪拌牛奶海、天神制魔和猴王助羅摩作戰圖等。各種雕刻都十分細緻靈活，人物姿態生動，如勇士駕神鳥、乘駿馬、騎猛龍等，栩栩如生。吳哥窟約有一萬八千多種雕像，是了不起的藝術珍品。

吳哥藝術是從扶南時期的木結構、磚結構和單一庭院逐步發展起來的，經過由簡單到複雜，由粗及細，吸收外來文化和民族文化的過程，每前進一步都顯示了吾哥人民辛勤勞動和智慧的創造。歷代建築與雕刻藝術的推陳出新，生動地說明當時勞動人民控制和改造自然能力的提高，促進了生產技術的發展。

第五節　吳哥王朝的民族危機

公元十三世紀以後，吳哥王朝民族危機加深，封建統治者肆無忌憚地大興土木，修建各種寺廟，耗費大量人力、財力，使國庫日空，人民怨聲載道，社會衝突日深，出現農奴與奴隸暴動。周達觀《真臘風土記》指出：「在先國主（指者耶跋摩八世）轍跡未嘗離戶，蓋亦防有不測之變。」而原屬國乘吳哥的日益虛弱，紛紛獨立。十三世紀中葉，吳哥西邊泰族擺脫吳哥的統治，在今泰國素可泰地區創立了獨立王國 — 暹國 （即素可泰王國）。並在藍甘亨王時代不斷擴張其勢力。《真臘風土記》載：「傳聞與暹人相攻，因屢與暹人交兵，遂至皆成曠地。」

尤其 1349 年在湄南河下游興起更為強大的泰人國家 — 阿瑜陀耶王國（即大城王朝），曾三次興兵攻陷吳哥城。西元 1431 年暹羅第三次大舉進攻吳哥時，擄去大量柬埔寨人民，全城名貴珍寶被洗劫一空。暹羅國王還派其王子和大將在此鎮守。當柬埔寨把暹羅入侵者趕出國境時，為了遠避暹羅西來的威脅，遂把王國都城遷離吳哥，先遷斯雷山托，後遷時稱扎多木的金邊，再遷洛韋。儘管在十六世紀，柬埔寨利用暹羅與緬甸的矛盾，無暇東顧時，取得對暹羅戰爭的勝利，但由於王室內部的紛爭，讓暹羅有機可乘。

公元 1594 年，當暹羅解除緬甸的軍事威脅後，暹羅攻佔都城洛韋，對洛陽進行洗劫與焚毀，並迫使柬埔寨向暹羅屈服稱臣。暹羅於公元 1603 年扶植索里約波為柬埔寨國國王，並正式宣佈柬埔寨為暹羅的附屬國，採用暹羅的宮廷禮儀。

1618 年索里約波讓位給其子，號稱吉□哲塔二世，他把國都遷至烏東（Ou Dong），同時宣佈脫離暹羅而獨立，恢復柬埔寨宮廷的傳統禮儀。1623 年暹羅再次起兵「懲罰」柬埔寨，雖然被吉□哲塔所擊退，但是無法挽救其衰落的趨勢。為對抗暹羅的威脅，吉□哲塔求助於東鄰的順化阮氏政權，自此開始，東鄰的越南便參與了對柬埔寨控制權的角逐。吉□哲塔原想藉助外部力量來平衡暹羅的威脅，卻反而「引狼入室」，造成柬埔寨更加複雜的形勢，加深民族危機。

此外，柬埔寨王室內部的派別鬥爭，在外力的滲和下，越演越烈。各個派系集團為了謀取王位，爭權奪利，不惜結黨營私，為了擊敗對手，各自向暹羅或越南討好和要求支持。於是，使暹羅和越南有機可乘，利用柬埔寨內部紛爭支持一方，加以控制，或邀功索酬，割讓土地；或採取軍事行動，乘虛而入。柬埔寨國家處於被宰割的局面。

越南於公元十世紀獨立於中國之後，其政治中心在今河內一帶。但自黎朝後期，大權旁落鄭、阮兩權臣之手，出現了以靈江（今越南廣治）為界的「北鄭南阮」割據局面。以順化為中心的阮氏政權，不斷地向南擴張。在十七世紀併吞了占婆國以後，便把柬埔寨作為它「南進」政策的下一個目標。公元 1658 年，越南阮福瀕藉口柬埔寨王安贊二世（越史稱「匿翁禛」）「侵邊」擾越，派兵攻打柬埔寨，俘擄安贊王，押送廣平，迫使渠向越南稱臣，而後派兵護送他回國繼續稱王。同時要安贊王關照越南人至柬埔寨每穗、同奈等地謀生。自此，越南的侵略勢力深入下柬埔寨區域。

越南阮氏政權便利用柬埔寨宮廷內部每一次王位紛爭，三番兩次地出兵干涉柬埔寨內政，幾度扶植自己可支配的傀儡政權，不斷蠶食柬埔寨國土。直到十八世紀後半，越南阮氏政權已把六萬五千平方公里的下柬埔寨（水真臘）據

為已有，設「嘉定總鎮」，直轄於阮氏政權。為進一步控制柬埔寨，越南阮氏王朝將柬埔寨降為越南的保護國，設置了「保護真臘國」的專門官職，直接統治柬埔寨。在南榮（金邊）「建安邊台，台上見柔遠堂，以為藩王望拜之所。」越南並要柬埔寨國王穿上越南國王頒賜的大紅莽袍東向越南阮王頂禮膜拜。1835年，安贊三世病死，越王立其次女安眉公主為「高棉郡主」，命越南保護真臘官張明講、黎大網「權監國事」。張明講表請分其地為 33 個府，「設官治之」，並將金邊城改稱「鎮西城」。

1841 年，正當越南吞併柬埔寨之際，暹羅利用柬埔寨人民反越心理，讓安東（安贊王之弟）返回柬埔寨，並派兵護送回國，擺開與越南爭奪對柬埔寨控制權陣仗。此時，越南明命帝去世，紹治嗣位，請求媾和。1845 年越泰終於達成協議，越南答應撤出軍隊，並承認安東王位繼承權。安東王則同意向越泰兩國納貢。1847 年，雙方還為安東加冕。安東王被迫准許割讓在 1814 年被暹羅奪去的莫盧波雷和洞里勒普等地，作為扶助安東登上王位的酬勞，並為保證柬埔寨對先羅的忠誠，先羅並派遣一位「專員」進駐烏東宮廷。

柬埔寨遭受暹羅和越南連綿不斷的侵擾，使原十分富庶的柬埔寨變成一片荒涼貧窮的景象。據西方遊記寫道，即使首都烏東，老百姓住屋毫無例外地是用竹子和一種樹葉蓋成的。他們的房子，其實是棚屋，連國王的宅第也不外用木頭建造的，既無往日通常的尖塔，也沒有任何裝飾。國王的朝覲殿，僅是一座方形的大房子。然而，無論如何，安東王登基後，他實行一些改革，建立國內秩序，恢復國內經濟，他立志要整頓好他的國家。安東王心有餘悸，深恐近鄰的暹羅與越南有朝一日將他的國家從世界地圖抹掉。但又感到自己對此無能為力，因此，他把希望寄託在第三強國幫助從這兩個國家的控制中解救出來。

在法國傳教士米希主教的說服之下，安東王於 1854 年非常秘密地通過法國
駐新加坡領事館轉送給法國皇帝拿破崙三世一封信。信中除指控越南背信棄義
接二連三侵佔柬埔寨大片領土和欺壓柬埔寨王室成員和貴族、百姓外，還天真
地聽信法國傳教士所說的「信仰天主教的法國君主與人民，有一副救苦救難的
好心腸，從不損害他人利益，從不侵犯他人，而是能扶危濟困，幫助人們獲得
利益和繁榮」。所以信中請求法國皇帝「萬一安南人將上述侵犯柬埔寨地區奉獻
給陛下時，請不要接受，因為這些地方是柬埔寨的領土。」祈求法皇對柬埔寨
「寄予同情」，使柬埔寨能看到「損失的盡頭」和「國家不再被壓的透不過氣來」。
但是在法國傳教士甜言蜜語的背後卻是侵略的利劍，是法國殖民者謀取柬埔寨
的大陰謀，圖謀將柬埔寨置為法國的殖民地。

第五章　殖民統治時期的柬埔寨

第一節　法國勢力的入侵

法國在 1789 年法國大革命後，資本主義迅速發展。爲了滿足法國的大資產階級人士擴大商品和奪取原料產地的要求，法國政府對外採取擴張政策，廣袤而富饒的印度支那半島，變成了法國殖民者掠奪的目標。

1856 年，法國政府派駐上海領事蒙迪宜到暹羅、柬埔寨與越南進行陰謀活動，企圖在印度支那半島尋求勢力範圍。法國政府在給蒙迪宜的指令中，要蒙迪宜注意調查印度支那半島各國的物產和當地居民需要的商品，還特別強調要保護早已到那裡進行滲透活動的傳教士。

1856 年 10 月，蒙迪宜在法國傳教士的幫助下，乘柬埔寨國王安東處於內外交困的情形，用花言巧語和欺騙手法企圖迫使安東國王答應簽訂法國提出的共 14 條條款的《法柬條約》。根據這個條約，柬埔寨將喪失國家的主權。對於這個不平等的條約，安東國王堅決拒絕簽字，蒙迪宜的陰謀沒有得逞。

然而，法國並未善罷甘休，因爲從蒙迪宜給法國政府的報告中，得知印度支那盛產大米、棉花、煙葉、顏料和漆。特別是這裡有一條從越南流經柬埔寨可以上溯通往中國的湄公河，更使法國殖民者垂涎欲滴，於是法國決心使用武力進行佔領。

1858 年 6 月，法國藉口在越南的傳教士受到迫害，用武力攻佔了越南的土

倫（蜆港）。1859 年至 1862 年這段期間，先後奪取了西貢、永隆和美荻，越南被迫於 1862 年將東部三省（嘉定、定祥、邊和）割讓給法國。法國便以此爲跳板，把侵略的腳步伸向柬埔寨。

法國在侵略柬埔寨的過程中，大玩兩面手法。一方面向柬埔寨表示「友好」，並保證「絕對不侵犯柬埔寨」；另一方面卻派遣「官員」到柬埔寨皇宮窺探情形，並準備在那裡「升起旗幟」，充分暴露了它的侵略野心。

1863 年 4 月都達特‧戴拉格里被派往柬埔寨執行侵略計畫。他以研究柬埔寨古代史爲名，走遍了柬埔寨各地，蒐集了大量情報，並夥同一幫傳教士極力使新繼位的國王羅諾敦 (Norodom) 相信，法國是他的「忠實朋友」，法國能幫助他保持王位和抵抗外敵。與此同時，法國派出一艘軍艦和一支部隊到達柬埔寨首都烏東，向羅諾敦發出最後通牒。年輕的羅諾敦國王當時由於兄弟爭位，鄰國侵凌，正陷於困難之中，在法國侵略者的甜言蜜語和威脅利誘之下，1863 年 8 月 11 日，羅諾敦終於與法國草簽了柬埔寨受法國保護的《法柬條約》。

根據法國提出的條約草案，柬埔寨將成爲法國的保護國。草案規定：「未經法國同意，柬埔寨不能與外國發生任何外交關係；法國代表應得到柬埔寨高官顯貴的待遇；開放所有的港口與法國通商；法國享有商品免稅輸出輸入的權利；法國『有責任』在柬埔寨『維持秩序和安寧』‧‧‧等。」

《法柬條約》是一個徹頭徹尾的不平等條約。締約消息傳開，柬埔寨各地響起不滿的聲音。當時把柬埔寨視爲臠肉的暹羅，獲知這個消息後，不甘心柬埔寨落入法國手中，利用《法柬條約》未正式簽字的時機，於 1863 年 12 月通過諾羅敦簽訂的一個秘密條約。暹、柬密約規定柬埔寨爲暹羅的附屬國，否認

《法束條約》的效力。

1863 年 3 月，當羅諾敦國王按照暹羅的要求前往曼谷加冕時，戴拉格里先發制人，率領武裝水兵佔領了烏東王宮，並公然在王宮前升起了法國的旗幟。同時，還部署佔領烏東城和金邊城，赤裸裸地暴露出侵略者的嘴臉，戳破了所謂「忠實朋友」的面具。羅諾敦被迫中途折回。1864 年 4 月 12 日，他屈服於法國殖民者的壓力，在《法束條約》上正式簽字。暹羅懾於法國的武力，同意在法暹代表共同參加下，在束埔寨為羅諾敦舉行加冕典禮。從此，束埔寨便淪為法國的「保護國」。1867 年，法國與暹羅達成了協議，法國同意把束埔寨西部三省—馬德望、詩梳風、暹粒割讓給暹羅，以換取暹羅對《法束條約》的承認。

到了十九世紀八十年代，法國由於金融資本迅速發展，對束埔寨的侵略也就更進一步。1884 年 6 月 17 日，法國侵略軍隊進入王宮，用武力強迫軟弱的羅諾敦國王簽訂了一項新條約。這個條約規定：「束埔寨國王必須承認法國提出的一切關於行政、司法、財政和商業的『改革』；稅務部門、海關及公共工程部門必須由法國掌握；束埔寨國王除每年向法國領取三十萬法郎的津貼外，未經法國同意，不得向其他國家借款；法國將向束埔寨派駐最高駐守官。」這樣，束埔寨的獨立、主權便被法國殖民者剝奪殆盡。1887 年，法國為加強其殖民統治，成立所謂法屬「印度支那聯邦」，束埔寨便被視作為「聯邦」中的一個邦，完全置於法國派駐西貢總督的管轄之下。

第二節 法國對柬埔寨的殖民統治

法國駐印度支那的總督與駐柬埔寨的駐守官是柬埔寨的實際統治者。法國
殖民者為了掩蓋其野蠻的殖民統治，保留了原有的君王制，形式上國王仍是國
家的最高權威，但實際上已徒有其名。柬埔寨國王頒布的法令，非經「總督」
批准，就不能生效；柬埔寨內閣的決議，必須得到最高駐守官的同意後，國王
才能批准；柬埔寨政府大臣的任命，也必須先取得「最高駐守官」的認可。事
實上國王是法國殖民者的傀儡。法國殖民者利用國王這個傀儡，對柬埔寨人民
發號施令，進行統治。

法國殖民者直接控制柬埔寨的內閣。內閣由五名大臣—內務大臣、司法大
臣、宮廷大臣、海軍大臣和陸軍大臣組成。法國「最高駐守官」為內閣會議的
當然主席。內閣名義上是輔助國王管理國家事務的機關，但實際上完全聽從法
國「最高駐守官」的支配。內閣以下的行政區是省、縣、區、鄉四級。各級行
政官員的任命，都要經「最高駐守官」的認可，並聽命於各省的地方駐守官。
法國通過這種雙軌制的統治方式，嚴格控制著柬埔寨的內政。

法國殖民者還派軍隊進駐柬埔寨領土，並直接控制柬埔寨的軍隊和警察，
用作鎮壓人民的工具。柬埔寨軍官和警官，全由法國人充當，柬埔寨人最高只
能當到班長或排長。

法國不僅在政治上、軍事上嚴格控制著柬埔寨，而且在經濟上還任意進行
劫掠和榨取，並把這個古老國家的經濟捲入資本主義的漩渦之中。法國為了擴
大其領土，增加它的財富來源，1907 年向泰國索回了馬德望、詩梳風、暹粒三

省。

　法國殖民者爲了滿足國內日益發展的資本主義工業原料的需求，首先破壞了柬埔寨原有的封建土地國有制。在法國人入侵前，柬埔寨所有土地都屬於國王所有，人民只有使用權，不能自由買賣。法國入侵後，在1884年的條約中明文規定：「直到現在還是絕對地屬於國王專有的王國土地，今後將中止不可轉讓的規定。」於是，幾乎所有柬埔寨的荒地，被殖民當局用最低賤的價格拍賣了。

　殖民當局甚至還把占有土地的特許證免費發給貪婪的殖民者，讓他們占有大量的土地。掠奪土地成爲法國資本家發財致富的重要手段。這些土地大都被用來種植橡膠、胡椒等經濟作物。殖民者種植園裡的工人，都是一些被誘騙或強迫招募來的契約工。他們被剝奪了人身自由，擔負繁重的工作量，過著牛馬般的生活。這些種植園猶如一座座的人間地獄。例如朱普橡膠園的五千名工人，分別住在十五個「村子」裡，每個「村子」都用鐵絲網圍起來，並沒有武裝崗哨，但是橡膠園主設有自己的牢獄和律法，對工人有生殺大權。工人未經許可，不能離開橡膠園。如果想逃跑的話，就會遭受到懲治和監禁，甚至是殺害，簡直是國中之「國」。工人每天清晨四點就得起床割膠、收膠，一直到日落西山才收工。一天不完成定額，就被扣一天工資，甚至扣幾天工資。工人只好向橡膠園主借錢，債越欠越多，到合同期滿時，因負債累累。而不得不繼續留在橡膠園裡，忍受橡膠園主的慘酷剝削。工人在潮濕陰暗的環境裡工作，瘧疾流行，容易造成疾病的產生，患病率很高，但是患病工人只要能掙扎起床，就得開工。殖民者甚至把再也不能工作的工人拖出去活埋，凡死去的工人都被埋在橡膠樹底下當肥料。

　殖民者對工人這種駭人聽聞的壓迫和剝削，與中世紀的奴隸制無異。苛捐

雜稅，這是法國殖民者為壓榨柬埔寨人民血汗的另一個手段。每個農民每年必須向殖民者支付繁重的捐稅，如人頭稅、土地稅、動物稅、農作物收穫稅、代徭役稅等等。從每頭牛到每條狗，每棵椰子樹、檳榔樹、甜棕櫚等等都要課稅。至於其他諸如營業稅、漁業稅、註冊稅以及各種專賣稅、特許證稅等稅收，更是名目繁多。這些苛捐雜稅為柬埔寨人民帶來沉重的負擔，使得人民日益貧困，不少農民因交不起稅捐，不得不到法國的橡膠種植園當契約工，受盡橡膠園主的慘酷壓迫與剝削。

法國殖民者還通過貿易壟斷、發行貨幣、銀行借貸和各種投資，操縱財政金融，控制柬埔寨的經濟命脈，從而獲取高額利潤。

法國殖民者還特別注重對柬埔寨進行精神統治。它百般壓制柬埔寨文化事業的發展，試圖使柬埔寨人民永遠處於愚昧狀態，以達到它永久統治柬埔寨的目的。在法國九十年殖民統治期間，柬埔寨沒有一所大學，中學也寥寥無幾。直到 1935 年才在金邊創立一所高級中學。中學從校長到教員都由法國人出任，規定所有學科均用法語教授，甚至連課本也直接從法國引進，培養學生崇法思想，完全進行奴役教育。招收的學生都是些被駐守官認為是「誠實的」和「忠於」法國殖民當局的青年。至於小學教育，殖民當局乾脆撒手不管，交由佛教寺院去辦。殖民當局還極力阻撓柬埔寨青年到法國讀大學。但是，殖民當局卻在全國遍設鴉片煙館、酒館、賭館和妓館來毒害青年。同時還派遣大批天主教徒深入鄉村市鎮，以傳教為名，對柬埔寨人民進行精神麻痺。這些的教傳士，既是法國侵略者的先導，亦是鞏固法國殖民統治的幫兇。

法國殖民當局完全剝奪了柬埔寨人民的言論、出版、集會、結社等政治權利，進行特務恐怖統治。殖民統治者設立的「偵探樓」就是專門對付柬埔寨人

民的特務機關。凡是稍有民族思想和民主願望的人，就會遭受「偵探樓」的迫害。就是為殖民當局服務的柬埔寨官吏，稍有愛國思想，也不能倖免。殖民者如果發現柬埔寨官吏與當地人民聯繫密切，就馬上調離。分布在全國各地的天主教教會和傳教士也兼作特務的工作，透過宗教活動收集情報和監視人民，充當殖民統治當局的耳目。但另一方面，殖民當局又要標榜「民主」，1923年允許柬埔寨組織「評議會」，其實是欺騙人民的把戲。「評議會」純屬諮詢機構，「議員」由殖民當局指定，而且規定「議員」只是行政助手。「評議會」每年只開一次會，在會議上，「議員」只能對諸如新稅則、公益事業和經濟發展等發表意見，而就是發表這類意見，也只是在開會期間才有這種權利，嚴禁討論政治問題。這樣的「議會」，對西方自由民主制度而言，是種莫大的諷刺。

法國在柬埔寨的殖民統治，使柬埔寨人民遭受了極大的苦難。然而，平時作威作福的法國殖民統治者，在第二次世界大戰期間竟然不戰而屈服於日本軍國主義法西斯的壓力下，把柬埔寨連同越南和寮國拱手送給日本。日本依1941年通過的《法日共同防守法屬印度支那協議書》進駐柬埔寨。柬埔寨的金邊、暹粒、磅乍叻等地成為海、空軍基地。日本利用法國的殖民機構，間接對柬埔寨實行統治。日本還通過《法日經濟協定》，以免稅或低稅方式向柬埔寨傾銷日貨，掠奪柬埔寨的資源。柬埔寨的大米、橡膠、胡椒等物資源源不斷輸往日本各地區。為獲取大量軍需原料，滿足侵略戰爭的需求，日本強迫柬埔寨人民把稻田改種麻、桐樹。同時還強迫柬埔寨人民負擔日本的軍費，強徵青年服勞役。柬埔寨人民在法、日的雙重壓迫和剝削之下，處於艱困的生活之中。

第三節　柬埔寨的抗法運動

　　雖然柬埔寨的封建統治者向法國侵略者屈服了，但是廣大的柬埔寨人民並沒有被征服。從法國侵略者佔領柬埔寨的第一天開始，柬埔寨人民就組織無數次的反抗運動，進行著前仆後繼的頑強抵抗。

　　1863 年《法柬條約》簽訂不久後，在柬埔寨東南方的貢不和茶膠地區爆發了由阿查□索領導的民族起義。接著，1866 年在柬埔寨東部的柬越邊境地區，又爆發了由伯坤坡領導更大規模的抗法民族運動。在阿查□索被捕後，這兩支隊伍聯合起來，力量更加強大，席捲柬埔寨好幾個省份，聯合作戰，共同對抗法國侵略者。他們的聯合作戰，使得法國的侵略計劃遭受到嚴重的挫敗。由伯坤坡領導的起義軍，有高棉人、占族人、斯丁人以及山區其他部族的同胞。他們在反抗法國侵略的旗幟下團結作戰。這支隊伍最初只有幾百人，但是他們為解救民族同胞而戰，師出有名，深得各族人民的擁護，很快就發展成為萬人之師。雖然他們用的是刀、斧、棍、棒、弓箭和長矛等簡陋的武器，但是他們個個奮勇殺敵，同仇敵愾，把法國侵略軍打的丟盔棄甲、一敗塗地。

　　1866 年 6 月，伯坤坡的起義軍在柬越邊境首次主動進攻法軍西寧要塞。初戰告捷，陣前擊斃法國軍隊軍官拉格羅茲，法軍出嚐敗績。法軍駐西貢軍官拉格蘭蒂耶海軍上校聞訊，忙派馬歇爾斯上校帶兵支援。

　　馬歇爾斯憑藉優越的武器，嘗試一舉將起義軍消滅。然渠低估了柬埔寨人民的力量。6 月 14 日，機智勇敢的起義軍，在離西寧城十里的榮涌設下了圈套，誘敵就範。當法國軍隊被引誘到榮涌的圈套時，起義軍一湧而上，用刀槍、弓

箭和上次戰役中奪來的武器，從四面八方向敵人進攻，把敵人團團包圍，展開肉搏戰，使敵人的武器失去了優越性。在激烈的短兵相接中，起義軍打死馬歇爾斯和大批法軍，取得更大的勝利。這一次的勝利，助長了柬埔寨人民反殖民鬥爭的士氣。

勝利的捷報傳遍了柬埔寨和越南南方。起兵革命對抗法軍的運動已在各地興起。它喚起了柬埔寨人民的覺醒，鼓舞了柬越人民的鬥志。從西貢到烏東，處處成爲打擊法軍的戰場。

1866 年 8 月，柬埔寨起義軍在打了多次勝利以後，乘勝向侵略者和親法派的大本營金邊、烏東推進。由張權領導的越南起義軍與柬埔寨起義軍軍聯合起來，並肩作戰，共同對抗侵略者。柬埔寨的統治者害怕失去王位，竟然與法國殖民者相互勾結，聯合起來鎮壓人民起義軍。法國侵略者武裝了一支王國軍隊，由陸軍大臣克拉洪親自指揮，企圖阻擋起義軍的攻勢。可是，這支由法國當局所組織的王國軍隊，一觸即潰，巴南一仗，陸軍大臣被殺，士兵四散。起義軍深得人民的擁護和支持，所向披靡，愈戰愈勇，隊伍越來越強大。起義軍作戰機動靈活，遇到比自己多而強的敵人，他們不正面應戰，在敵軍陣前散開，而選擇在敵軍後面突擊。他們在人民群眾的支持和配合下，出奇不意打擊、消滅敵人。法軍無論到哪裡，猶如陷入茫茫荒漠，處於四面楚歌的困境，不時遭到柬埔寨人民的痛擊，起義軍節節勝利，迅速推進。

1866 年 10 月，起義軍已打到金邊—烏東地區，切斷了連接兩京四十里長的道路，並打到烏東城下。當時敵人亂成一團，法國侵略軍西貢總部急忙派兵前來增援。與此同時，在越南的起義軍，爲了配合柬埔寨起義軍攻打烏東，加強了軍事行動。在安居，越南起義軍消滅了法軍的一個中隊。在北戎山脈，柬越

聯軍與法國軍隊交戰。在波波涌的西北方，越南起義軍也進行了一次較大的攻勢。所有這些戰鬥，目的在於分散敵軍的兵力。柬埔寨起義軍在烏東—金邊地區與敵人進行了多次的會戰，幾次圍攻烏東城，沉重地打擊了殖民當局與封建統治階層。但久攻不下，1867 年初，起義軍轉戰柴楨，並且攻陷了柴楨城。

後來，由於越南封建統治階層向侵略者投降，使法國又佔領了越南南方西部三省(永隆、安江、河仙)。法國殖民者與柬、越親法派勾結起來，連成一氣，造成對柬越起義聯軍十分不利的情勢，起義聯軍被迫退回柬越邊境西寧北部地區。1867 年 7 月，法軍進攻西寧，面臨到強大的敵軍壓境，張權領導的越南起義軍只能選擇撤退到後江；柬埔寨起義軍則轉戰上丁、三坡地區。後來在一次戰役中，革命烈士伯坤坡身受重傷，由叛徒的出賣，1867 年 12 月在磅同被捕，壯烈犧牲。但是各地的革命起義運動並未因此消失。

1884 年，在磅湛、桔井地區又爆發了比前次規模更大的革命起義。它以排山倒海之勢席捲柬埔寨東北部和東南部各地。這次起義的直接原因是反對 1884 年所簽訂的條約。參加起義的有愛國的下級官吏所領導的軍隊，有農民的起義隊伍，也有華僑組織的反抗力量。他們匯聚成一股全面反抗法國統治的洪流，把法軍團團困在城市和據點內。在金邊以南的一支五千人起義隊伍，一度同時包圍了五十二個法國據點，並於 1885 年 5 月試圖攻佔金邊，未獲成功。但是法軍遭受到嚴重的損失。

後來，由於封建統治者的背叛，柬埔寨國王於 1886 年 6 月與法國簽訂了一個協定，法國對於國王作了一些讓步，把部分行政職權歸還給國王，國王敕令停止反抗。於是，起義隊伍中產生意見分歧，一部份由地方官吏所領導的起義隊伍，放下武器。但是，其他隊伍堅持革命，一直延續到 1893 年，前後十年之

久。法國殖民者承認鎮壓這次起義是一場沉重的戰爭。這次起義由於各起義部隊之間缺乏密切關聯和相互配合，而歸於失敗。但對法國侵略者而言，是個沉重的打擊，它阻延了法國殖民侵略的進程。這次起義再一次顯示出柬埔寨人民對於殖民主義的反抗。

此後，柬埔寨人民的抗法運動仍持續不斷、此伏彼起。1926 年，柬埔寨人民發動了一次反對法國殖民統治的運動，憤怒的群眾甚至殺死了磅湛省的法籍省長。在日本占領期間，高僧阿查□汗鳩遭到殖民當局逮補和迫害，激起柬埔寨人民的抗議運動，並演變成一次武裝暴動，表現了柬埔寨人民不屈不撓的民族精神，也爲後來的抗法運動留下深遠的影響。

第六章　獨立建國時期的柬埔寨

第一節　戰後法國勢力重返柬埔寨

1945 年，爲了挽回戰爭的劣勢，日本殖民軍隊於 3 月 9 日徹底解除了法國殖民者的武裝力量，解散了法國的殖民機構，直接接管柬埔寨，進行高壓統治。爲掩人耳目，日本在柬當局導演了一幕「柬埔寨獨立」的醜劇，宣稱讓柬埔寨在其「大東亞共榮圈」中「獨立」，並拼湊了一個傀儡政府，把山玉成從日本接回柬埔寨充當傀儡政府的首相。但是，這並不能挽救它覆滅的命運。1945 年 8 月 15 日，日本終於宣布無條件投降。

日本投降後，柬埔寨人民加緊進行爭取國家獨立和自由的運動。然而，法國殖民者又乘機捲土重來。1945 年 9 月 23 日，法國軍隊在英國艦隊的掩護下在西貢登陸。法國侵略軍沿襲它在十九世紀第一次侵佔印度支那三國的老路，以西貢爲基地，向西伸張到柬埔寨，向北擴展到越南北方和寮國。法軍在西貢登陸後不到兩個星期，10 月 5 日，就在柬埔寨首都金邊投下空降部隊，進而控制了整個柬埔寨。隨後，法國政府派來了高級專員（High Commissioner），再次把柬埔寨置於殖民統治之下。

法國捲土重來後，爲了安撫柬埔寨高漲的民族意識，在統治政策方面，做了一些名目上的轉變。1946 年 1 月 7 日，法國與柬埔寨王國簽訂了一項《臨時協定》。《協定》宣布廢除柬埔寨人民早已唾棄的保護國制度，讓柬埔寨王國在法蘭西聯邦內「自治」。表面上承認柬埔寨王國政府有權管理王國的內部事務。

但《協定》同時又規定，法國派出「高級專員」代替保護國時期的駐守官，柬埔寨王國政府頒布的法令條例仍需由高級專員簽署，法國派「顧問」進駐王國政府各部門，法國仍然在柬埔寨駐紮軍隊，並負責所謂「維護公共秩序」，柬埔寨不能單獨與外國建立外交關係。顯然，這實際上還是老一套的統治制度，「自治國」和「保護國」在本質上沒有什麼區別，只是在形式上作了換湯不換藥的改變而已，柬埔寨依然是法國的一個殖民地。

隨著法軍捲土重來和殖民機構重新建立，法國金融寡頭和壟斷資本家更加貪婪、更加殘酷地對柬埔寨人民進行掠奪、榨取，攫取了大量財富。法國在印度支那（包括柬埔寨）的四十五家公司，1951 年所獲得的利潤比 1946 年增加了十八點六倍。僅法國在柬埔寨的三大橡膠公司（桔井種植公司、柬埔寨公司和磅同橡膠公司），1951 年就獲得九億六千六百多萬法郎的巨額利潤。而柬埔寨人民卻生活在飢餓、疾病、流離失所的困苦環境之中。

第二節　柬埔寨爭取獨立的過程

在第二次世界大戰中已經覺醒起來的柬埔寨人民，眼看又將重新陷入法國殖民統治的苦難，毫不猶豫地掀起了抗法運動的浪潮。他們總結了過去歷次抗法運動的經驗教訓，意識到必須走有組織，有綱領、有領導的武裝鬥爭道路；必須建立鞏固的農村革命根據地；必須動員全國人民的力量，組成浩浩盪盪的革命大軍，與敵人進行長期的抗戰。

1946 年 8 月，柬埔寨人民在柬、泰邊境成立了「高棉民族解放委員會」，並建立起第一支民族解放武裝隊伍。在金邊的工人、學生以及其他愛國志士響應高棉民族解放委員會的號召，紛紛奔向農村，加入民族解放武裝隊伍。他們積極開展武裝抗戰，曾經一度殲滅了暹粒省的法國警備隊，並光復了暹粒城；給予重佔柬埔寨的法國殖民統治者迎頭痛擊。

法國侵略者對這支民族解放武裝隊伍十分忌憚，立即在全國各地進行大範圍的圍剿行動，試圖消滅這些抗法份子。當初期武裝抗戰受挫後，革命隊伍中一些人動搖，他們被來勢洶洶的敵人所嚇住，以為武裝抗戰是不可能成功的。於是，他們趁法國通過柬埔寨國王頒布憲法和「大赦」之際，離開了革命隊伍；若干人回金邊參加民主黨，冀望藉由議會運作以獲得國家的獨立和自由。

然而，以山玉明爲代表的革命派，堅持以武裝抗戰的方式來獲得國家的獨立。他們在革命處於低潮的時刻，分頭進行，**繼續從事游擊活動**。同時還注重動員群眾和國家的重建工作。從 1947 年至 1949 年間，革命力量有所發展，先後在西南、西北、東北和東部分別建立了革命游擊根據地。在人民群眾的支持

和協助下，游擊隊經常對法國侵略軍進行襲擊和破壞水陸交通線，神出鬼沒地在全國各地戰鬥，嚴重地打擊了法國侵略者的殖民統治。

而對柬埔寨人民武裝力量的廣泛活動，法國侵略者爲穩住柬埔寨，以便把柬埔寨作爲它對越南和寮國進行侵略戰爭的大本營，1949 年 11 月 8 日與柬埔寨王國政府簽訂了一項條約，宣布承認柬埔寨「獨立」，柬埔寨以一個主權國家參加法蘭西聯邦。還佯稱柬埔寨有權與外國建立外交關係，可以建立自己的軍隊，在內政方面享有充分的主權等。

事實上，這是法國設置的又一騙局。因爲條約明確規定，柬埔寨王國派駐外國的外交官員必須先徵得法國政府的同意；大使的全權證書，要由法國總統頒發；柬埔寨軍隊必須聽從法國參謀總部的指揮；柬埔寨王國還必須爲法國提供軍事基地。這樣，法國仍然控制著柬埔寨王國的軍事、外交等重要方面。

這個條約遭到當時的多數黨民主黨的抵制。民主黨在第一屆國民議會和第二屆國民議會中均獲得多數席位，它兩次否決 1949 年條約，但兩次都被法國假手柬埔寨國王解散了議會。有的民主黨員甚至遭到逮捕、迫害，他們冀望通過議會方式以獲得獨立的幻想很快就破滅了。

柬埔寨人民爲爭取國家的完全獨立自由，團結一致，決心將民族解放抗戰運動進行到底。1950 年 4 月，柬埔寨各地區愛國力量舉行代表大會。來自全國各愛國武裝力量，以及佛教僧侶、婦女、青年等來自社會各階層的二百多名代表齊聚一堂，共商民族存亡大事。大會宣布成立全國人民解放委員會即高棉民族中央人民解放委員會（後來改爲高棉抗戰政府），建立高棉民族統一戰線（稱高棉伊沙拉克），並選出了以山玉明爲主席的中央領導。大會制定了抗戰綱領，

提出了明確的抗戰任務。自此，柬埔寨各地抗法勢力形成了一股有組織的抗法力量，讓柬埔寨的民族獨立，更向前邁進了一大步。

高棉中央人民解放委員會於 1950 年 4 月 11 日發表了一個《獨立宣言》。《宣言》揭露了殖民者在所謂「傳布文明」的外衣下，對柬埔寨國家進行侵略和掠奪。《宣言》號召全國的愛國人民，不分男女、老幼，不分宗教和政治信仰，為爭取柬埔寨的獨立和自由，團結起來進行抗戰運動。

在高棉中央人民解放委員會的統一領導下，柬埔寨民族解放運動迅速發展。到 1950 年年底，當時全國十四個省有十一個省建立了抗法游擊根據地。人民抗法力量發展到四萬多人。他們在游擊根據地還建立了自己的兵工廠，生產槍枝、手榴彈、地雷乃至火箭砲等武器。在國家重建方面，由人民直接選舉產生的民主政權，宣布廢除法國殖民者的苛捐雜稅，領導人民進行各項民主改革、開荒生產和支援前線的工作，積極發展當地的文化教育事業，大力展開掃盲活動，獲得了很大進展。

1950 年 6 月，韓戰爆發。與此同時，美國還插手印度支那半島，聲稱要「加速以軍事援助支援在印度支那半島的法國」。面對著美國的干涉和美法加強在中南半島的戰爭，印度支那三國人民的代表在 1950 年 11 月進行了會晤，討論三國人民聯合抗戰的問題，並組成了一個籌備委員會。1951 年 3 月 3 日，印度支那三國人民的代表─高棉民族統一戰線、寮國自由民族統一戰線和越南國民聯合戰線的高級成員舉行會議。會議決定成立「越南、高棉、寮國人民聯盟」。三國人民決心加強團結，互相援助，為徹底戰勝法國侵略者和美國的干涉行動而並肩作戰。

三國人民聯盟的建立，強化了民族解放抗戰的力量。在志願結合、平等互助和相互尊重國家主權的基礎上，三國人民在政治上、軍事上和經濟上互相支援，緊密配合，瓦解法國殖民者 「各個擊破」的陰謀，加速越、柬、寮三國的民族獨立運動的腳步。

第三節　柬埔寨邁向獨立

三國人民聯盟建立以後，形勢有很大的轉變。到 1952 年 10 月爲止，在越南，除了奠邊府以及紅河三角洲一小塊地方外，越南人民軍基本上把法國侵略軍趕出了越南北方。在寮國，1953 年初，人民抗法軍隊收復了桑怒全省，實際上控制了整個寮國北部地區。在柬埔寨，到 1953 年已經收復約佔全國三分之一的地區和四分之一的人口。

法國由於軍事上的失敗，1953 年 3 月再次撤換主帥，由納瓦爾替換塔西尼，試圖以此挽回敗局。

在三國人民武裝抗戰勝利的推動下，以羅諾敦□施亞努國王(1941 年繼位)爲代表的一些統治階層也改變了態度，施亞努意識到：「把柬埔寨置於法蘭西聯邦之內並且接受 1949 年條約，從而使主權遭到侵犯。」 他說：「處於我們國家的歷史和我們與法國關係的決定性時刻，我必須在法國與同胞之間作一抉擇，我選擇了我的同胞。」

施亞努作了愛國的抉擇之後，與法國侵略者進行抗戰。但他把爭取國家的獨立寄託在與法國進行耐心的談判上。他反對人民進行武裝抗戰，認爲武裝抗戰只會「帶來混亂、分裂和破壞」。對此，他一再向抗戰人員頒布 「大赦」，試圖把獨立運動納入他的談判軌道之中。1953 年 3 月，施亞努親自前往巴黎、向法國總統送交請願書，要求法國給予柬埔寨完全的獨立。但得到的答覆是：「法國無意將全部軍隊權力移交給柬埔寨。」 同時，還被認爲，「施亞努國王滯留在巴黎，是在對法國政府施加壓力。」要施亞努趕快離開法國。施亞努忍辱回國後，6 月，立即憤怒地出走曼谷，以此對法國表示抗議。

此時，法國侵略軍司令納瓦爾正執行美國參與執行的「納瓦爾軍事計劃」，企圖集結兵力，從奠邊府，「掃蕩」整個越南北方和寮國北部地區的抗法武裝力量，把越南人民軍逼進三角洲，聚而殲之。為此，納瓦爾計劃從柬埔寨的八營軍隊中調出五個營的兵力。同時，推行「納瓦爾軍事計劃」要靠柬埔寨的基地和交通線輸送軍隊和物資到寮國和越南北方，如果失掉了這裡的基地和交通線，法國的計畫就很難得逞。因此，法國不得不緩和與施亞努的關係。1953年 7 月，法國政府聲明，準備給予柬埔寨王國「完整的獨立和主權」。其實，法國仍無意放棄對柬埔寨的控制，只是企圖用談判來拖延時間，藉以實現納瓦爾軍事計劃罷了。

然而，法國侵略者的陰謀，被柬埔寨人民的抗法隊伍所粉碎，在高棉抗戰政府的領導下，抗法的隊伍到處襲擊法國軍事基地，破壞和封鎖交通線。1953年，僅西南部的軍民就進行了五百零六次大小戰役，斃、傷、擄敵達二千多名，使法國侵略者遭受到嚴重的打擊，有效地支援越南、寮國人民的抗法運動。感到腹背受敵的法國，想藉施亞努的力量來抵消柬埔寨人民的武裝力量；為此，只好同意把司法和警察部門移交給柬埔寨王國攻府，把原屬於「法國遠征軍」的柬埔寨籍士兵編入柬埔寨王國軍隊，但法國仍保留它在柬埔寨的軍事基地和所謂「軍隊過境便利」的權利。1953 年 11 月 9 日，金邊舉行了法國軍隊從首都撤出的儀式，同時宣布法國殖民機構停止活動。柬埔寨王國政府把它看作是國家主權獲得承認的標誌，並規定這一天為柬埔寨「獨立日」。

柬埔寨人民仍繼續堅持爭取國家完全獨立的武裝抗戰。他們和越南、寮國人民一起，不斷向法軍發起凌厲進攻，把奠邊府一役給予法國侵略者沉重的打擊。在軍事上敗局已無法挽回的情況下，法國才不得不同意在日內瓦舉行會議，

進行談判印度支那半島的和平問題。但是，法國殖民者並不甘休，企圖在談判桌上獲取在戰場上奪不到的東西。法國代表在日內瓦會議上竟以勝利者的姿態提出談判條件，不願退出印度支那半島。後來，經過印度支那三國人民在戰場上的多次勝利，特別是越南人民在奠邊府之役中大獲全勝，宣告了納瓦爾軍事計劃的徹底失敗，法國政府終於被迫同意達成協議。1954 年 7 月 21 日通過了停止在柬埔寨、越南、寮國的軍事行動協定和會議最後宣言。根據協定和會議宣言，法國完全撤出它駐在柬埔寨的軍隊，並保證尊重柬埔寨的獨立、主權、統一和領土完整的原則，恢復柬埔寨的和平。柬埔寨的獨立和主權也得到日內瓦會議與會各國的確認。法國對柬埔寨人民九十年的殖民統治從此結束，柬埔寨贏得國家主權，開展邁向獨立的新頁。

附錄 柬埔寨基本資料與概況

地理概況

柬埔寨王國(The Kingdom of Cambodia)地居中南半島南部,位於北緯 10°20'
與 14°30'之間、東經 107°40'與 102°20'之間。

柬埔寨東和東南與越南接壤,西南、西北與泰國相鄰,東北面與寮國交界,
西南臨暹羅灣。柬埔寨邊界全長 2600 餘公里,海岸線長達 435 公里,陸地邊界
總長 2136 公里。其中柬越邊界長 930 公里,柬寮邊界長 400 公里,柬泰邊界長
806 公里。柬埔寨南北之間最長處約 440 公里,東南之間最寬處約 560 公里,全
境總面積為 181,035 平方公里,是瑞士面積的 3.38 倍,比利時的 4.9 倍,相當於
中國湖北省的面積。

目前柬埔寨的行政區,可分為 20 個省和 4 個直轄市,即:馬德望、貢不、
干拉、磅針、磅清揚、實居、磅通、桔井、波羅勉、菩薩、暹粒、上丁、茶膠、
柴楨、國公、拉達那基里、蒙多基里、柏威夏、奧多棉芷、卜迭棉芷等 20 個省
和金邊市、西哈努克市、白馬市和珠山市等 4 個直轄市。

民族與宗教

柬埔寨是一個多民族的國家。全國約有 20 多個民族,以高棉族為最多,約
佔全國總人口的 80%以上。境內主要少數民族有占族、普農族、老族、泰族、
斯丁族...等等,人口約有 20 餘萬人。此外,還有柬籍越裔和柬籍華裔,以及越
僑、華僑等。高棉語為通用語言,與英語、法語均為官方語言。

小乘佛教是柬埔寨的國教，高棉族人絕大部分篤信佛教，全國境內共有佛寺二千八百多座，僧侶八萬多名。占族人則大多信奉伊斯蘭教。柬籍葡人、越人信奉天主教。華人、華僑信奉多神教。少數民族崇拜精靈。婆羅門教與大乘佛教均曾盛行於柬埔寨，約於十四世紀衰落，但它仍部分遺留在柬埔寨現實生活之中：國王登基儀式，由婆羅門大師主持；象徵王權的王冠、寶劍、羅傘、金鞋等由婆羅門保管。

經濟概況

經濟：柬埔寨由於長期處於戰亂，造成經濟落後，百廢待興，人民生活貧困。王國政府成立後，實行自由市場經濟，促進私有化，鼓勵和吸引投資，積極開展對外經濟合作，爭取外國和國際組織的援助，恢復和重建工作取得一定的進展。

資源：礦藏主要有金、磷酸鹽、寶石和石油，還有少量鐵、煤。林業、漁業、果木資源豐富。木材種類多達 200 餘種，盛產貴重的柚木、鐵木、紫檀、黑檀、白卯等熱帶林木，並有多種竹類。但由於戰亂，森林資源破壞嚴重，森林覆蓋率由戰前的 71%下降為戰後的 45%。洞裡薩湖為東南亞最大的天然淡水漁場，素有「魚湖」之稱。西南沿海也是重要漁場，多產沙丁魚、金槍魚、巴士魚。

工業：基礎薄弱，門類單調。自 1991 年底實行自由市場經濟以來，不少工廠轉為私有。全國約 70 家國營工業企業，但幾乎全被國內外私商租賃經營。還有 3 萬餘家手工業企業，主要從事日常小商品生產，按從業人口依次為製造、建築、採礦、供電和供水等。

農業：在國民經濟中佔主要地位。農業人口約佔總人口的 85%。可耕地面積為

670 萬公頃。主要農產品有稻米、玉米、大豆、薯類等，稻米種植佔全部耕地面積的 80%。湄公河、洞里薩河、巴薩河沿岸爲主要產稻區，馬德望省素有「糧倉」之稱。經濟作物有橡膠、胡椒、棉花、糖棕、大豆、煙草、麻類等。

旅遊業：因長期戰亂，旅遊業發展緩慢。1993 年大選後，局勢逐漸趨於穩定，旅遊業也相應得到發展。柬埔寨有世界聞名的吳哥古跡和施亞努港，金邊有王宮、國家博物館、獨立紀念碑、塔仔山等旅遊景點。

交通運輸：以公路和內河運輸爲主。主要交通線集中於中部平原地區以及洞里薩湖流域，北部和南部山區之間的交通閉塞。公路總長 1.5 萬公里，最主要的公路有 3 條：1 號公路從金邊通往越南胡志明市；4 號公路從金邊通往施亞努港；5 號公路從金邊經馬德望通向柬泰邊境。內河航運以湄公河、洞里薩湖爲主，主要河港有金邊、磅針、洞里貝和磅清揚。雨季時，4000 噸的輪船可沿湄公河上遊至金邊；旱季時，可通航 2000 噸的貨輪，施亞努港爲主要對外海港。鐵路有兩條：金邊至波比，全長 385 公里，可通曼谷；金邊至施亞努市，全長 270 公里，是交通運輸的大動脈。國內開通 6 條國際航線（金邊─曼谷、金邊─香港、金邊─新加坡、金邊─胡志明市、金邊─吉隆坡、金邊─廣州），全國共有有坡士東、暹粒、磅清揚 3 個大型機場。

參考資料

Chandler, David. 2000. *A History of Cambodia*. Boulder, CO.: Westview Press.

Coe, Michael D. 2003. *Angkor and the Khmer Civilization*. London. Thames & Hudson.

Hall, D.G.E. 1994. *A History of Southeast Asia*. London, MacMillian.

Higham, Charles. 2001. *The Civilization of Angkor*. London. Weidenfeld&Nicolson.

Jacques, Claude. 2000. *Ancient Angkor*. NY. Weatherhill Press.

Mannikka, E. 2000. *Angkor Wat: Time, Space, and Kingship*. NY. University of Hawaii Press.

Ross, Russell R. *Cambodia: A Country Study*. 1992. Government Printing Office.

Snellgrove, David L. 2001. *Khmer Civilization and Angkor*. White Orchid.

Summers, Laura. Justin J. Corfield and Martin A. Klein. 2003. *Historical Dictionary of Cambodia*. NY. Rowman&Littlefield.

Tully, John A. 2003. *France on the Mekong: A History of the Protectorate in Cambodia, 1863-1953*. NY. Rowman&Littlefield.

江炳倫著。1995。《亞洲政治文化個案研究》。台北，五南出版社。

克里斯多福‧泰德格 (Christopher Tadgell) 著，洪秀芳譯。2002。《印度與東南亞—扶叫與印度教建築》。台北：木馬文化事業公司。

吳迪 (W.A.R. Wood) 著，陳禮頌譯。1988。《暹羅史》。台北，台灣商務印書館。

台灣商務印書館輯編。1992。《陳序經東南亞古史研究合集》(上卷)、(下卷)。台北，台灣商務印書館。

許肇琳、張天樞編著。1995。《東埔寨》。廣西南寧，廣西人民出版社。

陳水逢。《東南亞各國的政治社會動態》。台北，台灣商務印書館。

張錫鎮。1995。《當代東南亞政治》。廣西南寧，廣西人民出版社。

———。1999。《東南亞政府與政治》。台北，揚智出版社。

駱沙舟、吳崇伯編著。1998。《東南亞政治體制》。蘭州，蘭州大學出版社。

薩德賽 (D.R. SarDesai) 著，蔡百銓譯。2001。《東南亞史》(上冊)、(下冊)。台北，麥田出版社。

顧長永。1995。《東南亞政府與政治》。台北，五南出版社。

國家圖書館出版品預行編目資料

柬埔寨簡史 / 陳佩修著 —— 初版
— 南投縣：暨大東南亞研究中心，2003[民 92]
面： 15 x 21 公分

ISBN 957-01-3822-x   (平裝)

1.柬埔寨   2.歷史

738.41   92005227

柬埔寨簡史

編　著：陳佩修
審　訂：陳仲玉

出版者：國立暨南國際大學東南亞研究中心

地址：545 南投縣埔里鎮大學路一號
電話：(049) 2940960 分機 2561
傳真：(049) 2918541
網址：http://www.ncnu.edu.tw

版　刷：2003 年 6 月　初版一刷

定　價：　　元